A Contracorriente

CARLOS SOBERA

A CONTRACORRIENTE

ESPASA

La lectura abre horizontes, iguala oportunidades y construye una sociedad mejor.

La propiedad intelectual es clave en la creación de contenidos culturales porque sostiene el ecosistema de quienes escriben y de nuestras librerías.

Al comprar este libro estarás contribuyendo a mantener dicho ecosistema vivo y en crecimiento.

En Grupo Planeta agradecemos que nos ayudes a apoyar así la autonomía creativa de autoras y autores para que puedan seguir desempeñando su labor.

Dirígete a CEDRO (Centro Español de Derechos Reprográficos) si necesitas fotocopiar o escanear algún fragmento de esta obra. Puedes contactar con CEDRO a través de la web www.conlicencia.com o por teléfono en el 91 702 19 70 / 93 272 04 47.

Espasa, en su deseo de mejorar sus publicaciones, agradecerá cualquier sugerencia que los lectores hagan al departamento editorial por correo electrónico: sugerencias@espasa.es.

© Carlos Sobera, 2024
© Editorial Planeta, S. A., 2024
Espasa, sello editorial de Editorial Planeta, S. A.
Avda. Diagonal, 662-664, 08034 Barcelona
www.planetadelibros.com
www.espasa.com

Diseño de la cubierta: Planeta Arte & Diseño
Fotografía de la cubierta: © Esteban Palazuelos

Primera edición: abril de 2024

ISBN: 978-84-670-7230-3
Depósito Legal: B. 5.531-2024
Preimpresión: Safekat, S. L.
Impresión: Unigraf, S. L.
Printed in Spain - Impreso en España

PEFC Certificado

Este libro procede de bosques gestionados de forma sostenible

PEFC

PEFC/14-38-00305   www.pefc.es

A mi familia, a la que ya he aclarado
que no hace falta que lean este libro.

A la vida, que me permite seguir disfrutando
de mi madre Asun, «Muchina», a sus casi 97 años.

A Patricia, porque no es fácil unir tu vida
a la de un artista egocéntrico.

Y a Carlos, mi padre, y Álvaro, mi suegro,
que me miran ya a lo lejos con más amor que nunca.

Índice

MI PRIMERA CITA

Siempre he odiado los prólogos. Por eso no sé qué hago escribiendo este. Para mí, un prólogo no es sino un intento de explicar, cuando no de justificar, por qué se ha escrito un libro. ¡Diablos, porque sí! No se deben necesitar más razones. Y si de lo que se trata es de indicar cómo hay que leer el libro; no ya malo…, sino peor: es que no lo van a entender porque está mal escrito. Odio los prólogos. Soy pragmático e idealista a la vez, pero pragmático. O sea, contradictorio. Me gusta ir al grano, en la lectura y ahora en la escritura. Los circunloquios me molestan. Tal vez porque he sido profesor y me gusta ser conciso. Lo bien explicado, bien se entiende. Pero el caso es que aquí estoy, escribiendo un prólogo.

Bueno, pues venga, vamos. Siempre he creído que para escribir un libro tan personal como *A contracorriente* se han de tener muchos y buenos secretos, o en su caso, una brillante sabiduría. Pues ni una cosa ni otra. Tengo secretos, claro que los tengo, pero son escasos y poco confesables. De hecho, no voy a confesar ninguno. Creo. No sé. No estoy seguro. Nunca lo he estado de nada. Y ya les adelanto que ando corto en sabiduría. He estudiado mucho, pero olvidado más. Decepcionante si se tiene en cuenta la cantidad de concursos culturales que he presentado, pero es que la mayoría de las preguntas que hacía versaban sobre cuestiones que no tenían demasiado interés para mí. Y sin interés, sin curiosidad, no se puede aprender nada. Todo lo que se lee muere en la vista, y todo lo que se pronuncia muere en la misma boca. Así de simple. La curiosidad, para mí, alimenta la vida, aunque mate al gato. Sí, es verdad, fui a la universidad y estudié Derecho. Incluso preparé durante dos años oposiciones al cuerpo de notarios. Algún latinajo puedo escupirles, con perdón, si están interesados, pero no estoy muy seguro de saber traducirlo. Es lo que tiene estudiar de memoria, casi recitando, el contenido severo de ciertos temarios. Uno se acaba quedando con lo superfluo, mientras la memoria, más inteligente que uno, va deshaciéndose de la información que considera innecesaria. Salvo que de verdad sea usted notario.

Titulo el prólogo «Mi primera cita» porque es cierto, literariamente hablando, que esta es mi primera cita con ustedes, queridos lectores, como autor de un libro. También es verdad que me aprovecho de la fama que tiene el programa que ahora presento en Cuatro, es decir, *First Dates*. También puede escribirse *frish dates* o *fish dates;* y ya, pronunciarse, se puede pronunciar como a uno se le antoje, que en todos los casos provoca la misma reacción.

El título de este prólogo me llevará, como en las primeras citas de amor, a presentarme ante ustedes con trasparencia y honestidad. No mentiré sobre mi edad ni mi estado civil. Menos aún sobre mi estado de forma física, que, es evidente, deja que desear. Tampoco voy a inventarme aficiones idílicas, ni voy a decir que soy falsamente romántico y detallista, o cosas por el estilo. No, porque no quiero ganármelos, al menos no a cualquier precio. Claro que no intento ni quiero contarlo todo porque espero que haya más citas entre nosotros, pero sí quiero que sepan lo esencial de mí. Y tendrán ustedes ventaja, ya que yo no podré saber nada de ustedes. Aprovéchense. Pero no me rechacen sin darme una oportunidad. Siéntense conmigo a leer, o a cenar leyendo, o a leer cenando. Prometo hablar algo, poco, si es posible, y escuchar todo lo que me digan, si es que me hablan cuando me lean, e iré vestido para la ocasión en cada capítulo. Me llevará tiempo, pero puede ser muy divertido.

Este libro quiere ser también un estímulo para todos aquellos que tienen un sueño, que se ilusionan con hacer o conseguir algo material o espiritual porque creen que dará sentido a sus vidas. No es un manual de autoayuda. También los odio. Sirve para contar mi sueño, para decirles cuál era, si me costó conseguirlo o si no lo he conseguido aún, y cómo me he sentido en el camino por alcanzarlo, y si lo he compartido o me lo he quedado para mí solo. O sea, para contarles mi vida. Pero de forma sencilla, sin pretensiones, sin lecciones que aprender, sin consejos siquiera. Ustedes saquen sus propias conclusiones.

Cuando escribo este maldito prólogo, aún no he decidido si recuerdo todo lo que viví, y aún menos qué voy a contar y cómo. Sí he decidido que no voy a nombrar a quien no me cae o no me cayó bien. No escribo para arreglar cuentas, ni mucho menos para pasar facturas, y desde luego nunca para vengarme de nadie. Quiero que el libro sea de buen rollo, como yo. Lo que no quita que a veces me enfade e incluso me entristezca. Es la vida, no la he inventado yo.

Lo dicho, gracias por venir a esta cita conmigo, que es «mi primera cita» con ustedes, y espero que no «a contracorriente». Ojalá no sea la última.

Sí, es una amenaza.

0

A CONTRACORRIENTE

Por Dios, que nadie piense que soy un revolucionario. Nada tengo contra ellos, salvo que sean ideólogos políticos, que a estos sí que no los soporto. Pero si echo la vista atrás, veo claro el título elegido para este libro que cuenta mi trayectoria personal y profesional. Lo digo porque sí es verdad que he sentido, intuido o tomado decisiones que siempre iban en contra de lo correcto, o mejor dicho, de lo que se esperaba de mí.

De pequeño, me sentía un poeta en mi pueblo. Nací en Barakaldo, en casa de mis padres, en casa de obrero, de familia humilde, trabajadora y bien sufrida, asistido por una matrona. En mi casa había empacho de felicidad y, sin embargo, yo me ahogaba en aquella atmósfera fabril de mi pueblo natal.

Recuerdo que con ocho años, paseando con mis padres por las calles al atardecer, con luz crepuscular, sufrí una tristeza inexplicable, acompañada por cierta dificultad respiratoria. Al llegar a casa no pude cenar. Y no por falta de hambre, que siempre tenía. De hecho, mi madre había preparado una chuleta, que por aquel entonces yo veía como un manjar, y fui incapaz de masticar y no digamos de tragar. Hasta entonces jamás había tenido problema alguno. Había sido siempre el perfecto ejemplo vivo de un tragaldabas. El incidente quedó en nada, en una rareza del niño; ya se sabe que los niños tienen muchas rarezas, cosas sin aparente lógica ni explicación.

Años después descubrí que había sufrido un episodio de depresión o ataque de angustia conocido como «bolo histérico» en términos médicos. Cuando estaba en la Universidad de Deusto, unos cuantos años más tarde, volví a pasar por esa amarga experiencia. Entonces, *motu proprio*, acudí al médico, que aprovechó para diagnosticarme la enfermedad.

Así cerraba el círculo y entendía por fin qué me había pasado aquella tarde otoñal de mi infancia. En Barakaldo, mi alma de poeta no podía sobrevivir a la dura realidad de la margen izquierda del río contaminada y de la falta de luz solar, y de alegría. De ahí venían mis angustias, mis sofocos, mis ahogos, mis trastornos de conducta. Así, desde pequeño, ya empecé a circular a contracorriente por la vida.

En el colegio, odiaba la disciplina de formación militar de cada mañana para entrar en clase, y rara vez me colocaba en mi lugar de la fila, tal como nos pedía, altavoz en mano, el hermano Hervás. Alguna torta me dio, pero la guardé siempre con cariño. Tampoco quería estudiar bajo las rudas reglas del profesorado, y mucho menos ir a colegios donde no podía ver niñas a mi alrededor. Lo de las niñas siempre fue muy importante para mí. De hecho, con el tiempo terminé huyendo de mi cuadrilla porque mis amigos solo pensaban en tomar potes, mientras que yo solo pensaba en «potear» chavalas. Ahí estaba yo, traicionando una de las tradiciones más endémicas de la cultura vasca.

Cuando estudiar era fácil, yo suspendía, y cuando se avanzaba de curso y de dificultad, aprobaba y hasta sacaba buenas notas. Si todos esperaban que fuera por ciencias, yo elegía letras. De niño, y sobre todo de adolescente, vestía como si fuera más mayor. Hasta llevaba abrigos de abogado de película apoyado en mi estatura y mi envergadura. Sin embargo, cuando realmente me hice mayor, me empeñé siempre en vestir como un chaval. Si mis profesores me querían serio y responsable como delegado de curso, yo prefería formar grupos musicales y componer y cantar en festivales. Cuando tenía que haberme ido a Madrid a estudiar Arte Dramático, me quedé en Bilbao estudiando Derecho. Acabé Derecho, y, en vez de dedicar mi vida a la abogacía o al mundo de la oposición (aunque preparé notarías durante dos años, y en el camino renuncié a una beca del Gobierno vasco para estudiar las oposiciones al cuerpo de jueces), me dediqué a la enseñanza universitaria. Me había presentado en un concurso público de la Universidad del País Vasco a tres plazas de profesor. Gané dos: una en la Facultad de Empresariales del campus de Bilbao y otra en la Facultad de Periodismo en el campus de Leioa. Bueno, pues cuando todos pensaban que escogería la plaza de Derecho Civil en Bilbao por tener mayor proyección profesional, contra todo pronóstico me fui a dar clases de Derecho de la Publicidad a Periodismo. Asignatura, además, de la que yo no tenía ni pajolera idea. Y cuando era profesor, en vez de consolidar mi carrera como doctor, creé el Aula de Teatro de la Universidad del País Vasco (junto al ilustre profesor Pedro Barea) y me convertí en actor y director.

Cuando llevaba diez años de profesor, lo dejé todo y me fui a Madrid para ser, por fin, actor profesional con treinta y cinco años, o sea, ya mayor. Lo que demuestra que nunca es tarde si la dicha es buena.

Cuando parecía que podía triunfar como actor, di un giro a mi carrera y me convertí en presentador. La revuelta que se formó no resultó chica. Todo eran críticas. ¿Qué hacía un actor haciendo de presentador? ¿Había creado un personaje? Y cuando triunfaba como presentador con el mítico *50 x 15*, decidí volver al teatro, y de nuevo se me echaron encima. La pregunta es fácil de adivinar: ¿qué hacía un presentador haciéndose pasar por actor?

Cuando todo el mundo quería que yo presentara *Gran Hermano* en Telecinco, di la espantada y me marché porque quería ser actor. Cuando todos creían que iba a fichar por Antena 3, rechacé la oferta que me hicieron y me fui a trabajar a los canales autonómicos primero y a Euskal Telebista después. Cuando todos pensaban que mi carrera se había agotado, fiché por Antena 3. Sin que nadie me entendiera, abandoné la cadena de San Sebastián de los Reyes y me fui a trabajar a Murcia. Para ser libre, para hacer aquello en que creía sin ajustarme a las decisiones de otros, ni a las ideas de otros, ni a los tiempos de otros.

Cuando nadie quería presentar *Atrapa un millón,* yo me atreví a hacerlo y acabé triunfando en audiencia. Cuando en la misma cadena me dieron por amortizado por tener ya cincuenta y cinco años y estar muy visto, y quizá muy alejado de los gustos de la gente joven, me reinventé aceptando un formato que según todos no me pegaba ni con cola: *First Dates,* precisamente un formato para gente joven. Cuando ya nadie se lo esperaba, pude presentar *Gran Hermano* en Telecinco (aunque fueran solo dos programas, sustituyendo por enfermedad a Jorge Javier Vázquez), y otro *reality* de más postín, *Supervivientes,* donde llevo varias ediciones, y todas felices.

Cuando todos me dicen «no, no lo hagas, te arruinarás», compro un teatro en el centro de Madrid. Y lo vendo sin escuchar consejos en contra, y gano dinero en el trayecto. Cuando ya no tengo edad para ser padre, y ni siquiera recuerdo qué hay que hacer para serlo, soy papá con cuarenta y ocho años nada menos. A pesar de nacer en el País Vasco, ni me gusta el pescado ni el *kalimotxo,* ni aguanto el frío o la lluvia. Y nunca he aprendido a nadar, pese a vivir a pocos kilómetros del Cantábrico.

Y así podría seguir poniendo ejemplos que vienen a dar sustento moral al título que he elegido para esta gran aventura que es escribir, y escribir este libro en particular.

Menos mal que no me gustaban los prólogos, queridos lectores. Llegan a gustarme y no habría empezado el libro antes de escribir diez mil palabras por lo menos. Pero este capítulo necesitaba colocarlo. Para que sepan por qué me siento así: una persona a contracorriente. Ni siquiera me gustaba el Che Guevara cuando me convertí en adolescente. Y era lo suyo. A todos les encantaba el Che, con su aire revolucionario y su bella melena al viento, con la leyenda de una muerte prematura en los llanos de Bolivia luchando por las libertades, con su gorra militar de medio lado: mito y héroe al mismo tiempo. Pues no, a mí no. Algo intuí que la historia confirmó y que para mí degradó su aura de dios a penumbra de triste delirio de poder.

1

¿CÓMO EMPEZÓ TODO?

«Soñá que el mundo con vos puede ser distinto.
[…] sueñen. Y cuenten sus sueños […] hablen
de las cosas grandes que desean, porque cuanto
más grande es la capacidad de soñar, y la vida te
deja a mitad camino, más camino has recorrido.
Así que, primero, soñar».

PAPA FRANCISCO, *Saludo del Santo Padre a los
jóvenes del Centro Cultural Padre Félix Varela*
(La Habana, 2015)

Así empecé yo. Soñando. Soñando a lo grande. Soy incapaz
de recordar cuándo comencé a querer ser actor. Antes quise
simplemente ser. Ser importante para mi madre, para mis
maestros, para mis compañeros de colegio, para mis amigos
de la calle. SER, con mayúsculas. Pocos recuerdos tengo de
chico y no son buenos. Mi familia era fantástica. Mis padres,

comprensivos. Pero yo no era un niño feliz. Algo me ahogaba, me oprimía, me entristecía. Siempre he creído que fue la España que me tocó vivir: los tristes años sesenta.

Como ya sabéis, nací en Barakaldo (con *k* de kilo en euskera) el 11 de agosto de 1960. Mis recuerdos más tiernos son como la época, en blanco y negro, y sin agua corriente, porque no hubo casi hasta 1963. Mi madre iba cada mañana a la fuente, una de muchas, a por agua para hacer la comida y lavar la ropa. No me pregunten cómo nos duchábamos, no me acuerdo. La corriente eléctrica iba a 125 voltios, amarilla, fúnebre, y se iba cada dos por tres. Recuerdo muchas tardes de velas encendidas, con mi abuela completamente vestida de negro como las damas de Puerto Hurraco, al lado de la cocina de carbón. La casa era como un velatorio perpetuo. No podían pedirme que fuera feliz. Imposible.

Mi padre trabajaba a turnos como electricista en Sefanitro (Sociedad Española de Fabricaciones Nitrogenadas), entonces indispensable, hoy inexistente. Después iba por las casas haciendo instalaciones eléctricas. Alguna vez, ya mayor, con trece o catorce años, fui con él. Madre mía, qué manera de pasar el cable con guía por aquellos malditos tubos. Mi madre era ama de casa. Sufrida ama de casa. Muy alegre, muy cariñosa. Una madre en toda regla. Yo estaba muy apegado a ella.

Con dos o tres años, una buena mañana me desperté y comprobé con horror que no había nadie en casa. Vamos, que no estaba mi madre. Ya se sabe que los padres básicamente están de adorno. Por lo visto había ido a buscar agua.

Me sentí abandonado. Aún hoy revivo esa sensación con cierta angustia. Abrí la puerta y me fui en su busca. Sí, yo me adelanté al maldito Marco que cruzó los Alpes buscando a su madre. Bueno, vale, yo no crucé los Alpes. Solo uno o dos pasos de cebra y sin rumbo fijo. Solo recuerdo estar en brazos de un policía después. Yo iba en pijama. Alguien debió de decir: «Es el hijo de Asun, es el hijo de Asun», y me llevaron a mi casa.

Fue mi primera aventura salvaje. En pijama por el mundo. Con determinación. En busca de mi madre. Lástima que no recuerde más detalles. No sé si fue una aventura heroica o si no dejé de llorar ni un solo momento. Lo importante es que las costumbres cambiaron para siempre en mi casa. Nunca más volvieron a dejarme solo. Menos mal, porque habría seguido abriendo la puerta. De hecho, y desde entonces, siempre abro la puerta. Para salir y para entrar. Para buscar y para encontrar. Una puerta no puede interponerse entre la felicidad y yo. Y si se interpone, abro rápidamente una ventana.

Nunca quise ir al colegio. No me gustaba dejar a mi madre. Y los curas y las monjas me gustaban menos. No me hacían nada. Simplemente me daban miedo. Mi hermana mayor, porque es mayor, aunque no quiera, me acompañaba al colegio de «las simonas». Lo llamaban así porque el director era un cura que se llamaba Simón, don Simón, como el vino, pero menos apetecible. Y supongo que menos sabroso, claro. Yo me escabullía de las manos de mi hermana y echaba a correr. Pero, ya desde pequeño, se conoce que el deporte no me gustaba, porque apenas corría unos metros, los justos, para esconderme detrás de un árbol. Obviamente el más cercano. Pero mi hermana tenía buena vista y yo debía de estar gordito, así que asomaba mi barriguita y la muy espabilada siempre me encontraba y me arrastraba hasta el colegio. Ya podría haber sido un poco más rebelde. Ella estudiaba allí. Para su desgracia, claro. Porque yo me pasaba las horas llorando, o berreando, y las monjas, para calmarme, muchas veces me llevaban a su clase. Qué vergüenza para mi hermana y qué aburrimiento para mí, que no entendía nada de lo que hablaban en aquellas clases de mayores, porque sí, mi hermana, aunque no quiera, era y es mayor que yo.

Así transcurrió mi niñez, huyendo de mi hermana, de las monjas y de don Simón. No me sirvió de nada. Pocos años después me tocó, por aquello de que los niños y las niñas no podían estar juntos, ir a los paúles de Barakaldo. A mí entonces me daba igual. Después ya empezó a importarme que las chicas no estuvieran cerca. Era muy aburrido salir al patio sin chicas. Bueno, y entrar en clase sin ellas, aún más.

Mi experiencia en el colegio fue buena, la verdad. Salvo cuando estudié un curso, que, según el plan de la época, se llamaba ingreso, y que era el previo a primero de bachillerato. Me topé con un profesor que no estaba llamado por el Señor a impartir docencia. No debía de estar llamado para nada, la verdad. Era malo, muy malo. Y lo peor era que disfrutaba pegando a los niños en clase. Tenía varias varas, distintas en grosor y longitud. Cada una cumplía un servicio. Las pequeñas y planas para golpearte la palma de la mano.

Las medianas y gruesas para sacudirte en las yemas de los dedos. Y las largas y finas, no sé si de avellano, para darte en las nalgas o en la parte posterior de los muslos. Siempre creí ver gestos de satisfacción en su rostro cada vez que nos golpeaba. Uno de los juegos que más le gustaban consistía en ponernos a todos alrededor de la clase, de espaldas a la pared. Él iba haciendo preguntas y, si no contestabas bien, pasaba al siguiente, que, en caso de acertar, te adelantaba en la cola contra la pared. Al final del ejercicio, los últimos, y rezagados, que apenas había; bueno, habíamos balbuceado alguna respuesta, recibíamos unos varazos en las piernas y para casa a comer, que maldita la gracia. Claro, yo no contaba nada en casa. Pero lloraba a menudo, y a menudo me negaba a ir al colegio. Mis padres no entendían nada. Pensaban que era mal estudiante y se resignaban. En fin, pensarían: «Nuestro hijo no será ni médico ni abogado». Aquel sujeto me hizo perder la fe en la enseñanza, en el colegio y en los mayores. Con lo feliz que era en casa, y en el colegio me tocaba sufrir.

Aquel maestro, por no llamarle carnicero, coleccionaba sellos; mi padre también. Por su causa, de los sellos, aprendí a utilizar por primera vez la estrategia, y comprendí qué era la astucia. Si al profesor le gustaban los sellos y mi padre los coleccionaba, solo tenía que conseguir que me diera algunos para regalárselos al carnicero y así obtener su favor. ¿Qué favor? Bueno, aquel individuo acostumbraba a dar a los alumnos que respondían bien a las preguntas unas tarjetitas que hacían la vez de «seguro». Así, cuando fallabas alguna pregunta, y el pollo las hacía continuamente para asegurarse de que en alguna ocasión pudiera darte leña, tú podías entregar el seguro y te librabas del escozor típico de la vara.

Mi padre quiso impresionarme. Me regaló dos enormes cajas de cartón llenas de sellos. ¡Dos cajas! Dios mío, podía haber miles de sellos en aquellas cajas. Mis piernas, mis yemas y mis palmas permanecerían intocables el resto del curso. Pocas veces me recuerdo a mí mismo tan emocionado. Me sentí la persona más importante del universo. Todos mis problemas se habían acabado a golpe de sellos. Fui a la mañana siguiente al colegio acompañado de mi padre porque las cajas que contenían los miles de sellos pesaban lo suyo. Iba lleno de esperanza, henchido de orgullo y expectante por el número de seguros que habría de ganar. Bueno, pues como diría mi admirado Miguel Lago en sus monólogos, mis cojones treinta y tres. Aquel miserable me dio diez seguros. ¡Diez seguros de mierda! Solo me servirían para defender mis extremidades de diez preguntas, ¡diez!, cuando estaba claro que hasta final de curso tenía planeado y previsto hacerme más de cien, o de mil incluso.

Y así fue. Acabé con las yemas de los dedos encallecidas, las palmas de las manos enrojecidas y las nalgas con más cardenales que la Santa Madre Iglesia. Ahora lo cuento con cierto humor, y me alegro que así sea. Pero no crean que lo he superado. NO.

Aquel año lloré amargamente. Suspendí siete u ocho asignaturas, y el colegio me obligó a repetir curso. Por eso fui un año atrasado en los estudios respecto a mis compañeros

de colegio. Y lo peor: mi autoestima se esfumó. Dejé de confiar en mí. Por primera vez creí con total seguridad que era
medio tonto, si no tonto entero. Me caí con todo el equipo.
A la par, en mi calle me caían hostias como panes. Todos me
arreaban estopa. Yo era inocente, gordito, con las orejas
grandes, y medio tonto, si no tonto entero. La desgracia se
cebaba conmigo. Para muestra, un botón. «El Pecha», un
niño agresivo y pendenciero, me amenazaba con partirme la
cara cada tarde que se me ocurría bajar a la calle. Así, por
la cara, por la mía, para ser exactos, que era la que el Pecha
golpeaba. Mi padre me dijo un día: «La próxima vez que te
amenace, dile que tu padre es boxeador, y que le voy a dar un
puñetazo como se meta contigo». Yo me quedé, como Ur-
tain, noqueado. Y cuando mi padre se marchó a trabajar, fui
donde mi madre, que estaba cosiendo, y le pregunté: «Mamá,
¿es verdad que papá es boxeador?». No hay más preguntas,
señoría. Si no era tonto, lo parecía. Y el profesor, los compañeros de clases y los vecinos de mi calle lo olían y se aprove-
chaban. Qué dolor, qué pena. Me daban por todas partes.
Pero entonces ocurrió algo maravilloso: el mismísimo John
Wayne vino en mi rescate. Y no en diligencia precisamente.

* * *

Sí, no estoy loco (que sabemos lo que queremos…). El mismísimo John Wayne me rescató. El benefactor no fue otro
que el programador de Televisión Española, del canal 1
(había dos), ahora La 1, que decidió emitir películas de

Mr. Wayne como *Río Bravo* y *Río Rojo,* que me ayudaron más que cualquier psicólogo, que, por otra parte, no se estilaban en aquellos tiempos.

Estas películas muestran personajes que sufren y se rebelan, que son criticados o incluso abiertamente insultados o perseguidos y/o amenazados, y se vienen arriba superando todos sus problemas. Algunos son directamente desafiados con revólver y se baten en duelo. Todos, tras tocar fondo, a veces con ayuda de sus amigos, se levantan y se enfrentan a sus enemigos. No hay lugar a la cobardía, y sobre todo no hay hueco para la rendición. No se rinden. Nunca. Le pasa a Dude, el borracho que interpreta Dean Martin en *Río Bravo,* o al joven y respetuoso Matt, Montgomery Clift, en *Río Rojo.*

Estas maravillosas películas, pues, me permitían luchar contra mis enemigos del cole y la calle. Los puñetazos que yo no me atrevía a dar los daba por mí el señor Wayne. Las cosas que no me atrevía a decir las decía Monty por mí. Y los besos que a mí no me tocaba dar los daban aquellos estupendos actores en mi nombre. Ahí empecé a vivir en libertad, sin miedos, sin angustias. Sintiéndome capaz de todo. De enamorar a las más bellas mujeres, de enfrentarme a los más temibles forajidos, de cuidar de mis más nobles amigos, de cruzar los más procelosos ríos, de desenfundar más rápido que ninguno, y siempre con la ley de mi parte, y con la fortuna que acompaña a los héroes. Dios bendiga a aquel programador, Dios bendiga a John, Dios bendiga el Western. Para mí, el mejor género cinematográfico. En el que se expresan con mayor profundidad los grandes dilemas del ser humano y las grandes tragedias que lo acompañan: la cobardía, el poder, la ambición, el egoísmo, el valor, la amistad, el desamor; en definitiva, todo.

Y aquí es donde comienzo a imaginarme grandes aventuras, a perseguir grandes retos y, sobre todo, a soñar con alzarme y demostrar que ni tonto ni cobarde; por el contrario, lleno de valor, con sentido de la justicia, con ganas de sobreponerme, y con la férrea voluntad de no permitir que nadie me machacara nunca más en mi vida. Así hasta hoy. Y todo gracias a John Wayne. Además, por su causa comenzó mi idilio con el cine y la interpretación. Y lo mejor de todo: mi idilio conmigo mismo y con la vida.

* * *

Y cambié. Vaya si cambié. El cambio afectó al niño en el colegio y al niño en la calle. En el colegio, tuve la suerte de que, al repetir curso, cambié de compañeros de pupitre y así dejé de un soplo cantidad de enemigos apartados de mi vida para siempre. Desaparecieron. Ya no estarían los compis que me llamaban «elefante con termitas», ni poetas que recitaran excelsos versos como: «¿Qué es el viento? Las orejas de Sobera en movimiento». No, el sistema había acabado con mis acosadores. Yo creo que es de las pocas veces, si no la única, en que el sistema me ha ayudado.

Claro que el reventado era yo, que perdía el curso escolar y ganaba cierto desarraigo, pero, como decía Franco, «no hay mal que por bien no venga». Además, la profesora Guillermina era la encargada de mi aula en el curso de mi repetición. Era una profesora con gran capacidad docente, voz bonita y una personalidad carismática, empática y sumamente cariñosa. La enseñanza era su vocación. Y se notaba. Con ella resultaba fácil entender las pobres matemáticas que nos enseñaban, y resultaba fácil leer y comprender. En ese curso me sentí un superdotado. Creo que obtuve buenas calificaciones, y salir de casa cada mañana para llegar al cole era una delicia. No, no era guapa y no me enamoré de ella.

Más tarde sí que me enamoraría de unas cuantas profes guapas y modernas, en los incipientes setenta, ya en la pura adolescencia. En esa época las hormonas me llevaron a triunfar, no en el amor, pero sí en los estudios. Iba a clase por obligación (cualquiera se saltaba una clase, corrías el riesgo de una lesión), pero atendía por pura devoción. Estaba tan prendado de aquellas profesoras, por no decir enamorado, que todo lo que me contaban me sonaba a música celestial. Aprendí mucho. Luego se torció la cosa. Empezaron a abundar los curas, y los laicos, a cada cual más feo y con un nulo poder de seducción. Pero «las señoritas», que era como las llamábamos, habían hecho de mí un estudiante entusiasta y, pese a la nula motivación externa, ya no dejé nunca de ser curioso y estudiar.

Cuando iba a pasar a primero de bachillerato, los tecnócratas franquistas cambiaron el plan de docencia y me vi en quinto de EGB. Fue el primer cambio que viví, mucho antes de que llegara la ESO, el bachillerato nuevo, los no suspensos, la doctrina escolar, y otras variaciones educativas perturbadoras ya en plena democracia, que algún inconveniente tenía que tener. El caso es que a mí me pareció tal cambio una maravilla.

A partir de ese instante me convertí en un alumno brillante. Raro era el año en que mi nombre no apareciera en el cuadro de honor que los paúles colgaban en los pasillos centrales del colegio, con los nombres de los tres alumnos más brillantes de cada clase y de cada curso. A veces conseguía ser el primero, pero casi siempre era el segundo o tercero. Recuerdo que Juanjo Seisdedos casi siempre me superaba. Le odié un tiempo. Al cumplir catorce años y sufrir los mismos horrores escolares, simpatizamos y nos hermanamos. Grande, Seisdedos. No sé qué habrá sido de él. Salvo que perteneció al Opus Dei y tuvo muchos hijos. Tantos como sobresalientes sacaba, el muy cabrón.

Mi cambio en la calle también fue radical. Harto de que todo el mundo me pegara y me insultara, un buen día, o tal vez era una buena tarde, llevado por las enseñanzas del Western, me subí sobre el pecho de un niño a quien previamente había derribado y lo sacudí sin miramientos. Me embravecí, y creo que me emborraché de buenas sensaciones, sensaciones de invicto, de ser más que nadie, de respeto callejero, de valentía, de orgullo y hasta de honor. Me emborraché tanto con estas sensaciones que pasé una buena época arreando mamporros a diestro y siniestro. Era respetado, cuando no utilizado como protector de almas cuitadas que sufrían lo que yo ya había sufrido. Hasta aquí todo bien. Pero tuve un cierto desfase en mi legítima defensa y poco a poco me convertí en otro chaval. No en un acosador, hasta ahí podíamos llegar, pero sí en un niño que no dudaba en pegarse cada vez que las cosas se le ponían difíciles.

Sin embargo, la vida te va dando lecciones, y solo hace falta que uno esté un poco atento para aprenderlas. Me pasó con nueve años. Mis padres me enviaron a un campamento de verano organizado para los hijos de los trabajadores de Sefanitro. Una semana duraba el invento. Menos mal. Llega a durar un mes y muero. Lo pasé mal. Era todo muy formal, muy aburrido. Clasista desde mi punto de vista, con grupos distintos que no podían interactuar. El edadismo estaba ya presente en nuestro ADN. No me entendía con los niños con los que compartía habitación, ni con los niños en general. Otra vez ausencia total de chicas. Seguro que con ellas sí me habría entendido. O no, pero, aun así, habría sido todo más interesante y perturbador. La forma de resistir al acoso, y sobre todo la forma de imponerme a mi propia inseguridad, no fue otra que la de recurrir a la agresividad, primero verbal y luego física. Me pegué, y mucho, y con casi todos. Y si no me peleé con todos fue porque nos daban poco de comer, y por ende teníamos pocas fuerzas. Y eso que yo me colaba dos veces en el reparto de la merienda: un trozo de pan y una onza de chocolate. Yo, dos.

Entonces pasó algo maravilloso. Los niños que compartían habitación conmigo, y que formaban parte del mismo equipo de fútbol, me cogieron miedo. El miedo puede sacar lo peor y lo mejor de una persona. A ellos les sacó lo mejor: camaradería; a mí me dio incomunicación, incomprensión y soledad. Porque aquel miedo que sentían los unió, y los unió contra mí. Todos se apartaron de mí, dejaron de saludarme y de hablarme. No querían jugar conmigo. No querían saber nada de mí. Cuando yo aparecía, ellos se marchaban. Cuando preguntaba algo, nadie me respondía. Jamás me he sentido peor. Me habría gustado desaparecer porque me sentí apartado, por no decir apestado, solo, y sobre todo justamente castigado. Sí, justamente. Al fin y al cabo, me había convertido en aquello que tanto había odiado: un niño chulo, agresivo, abusador y pegón. Sufrí en los días que quedaban de campamento. Terminé por romperme y pedí perdón. Me sentía tan mal, pero tanto, que mi arrepentimiento fue sincero y sentido. Y así les debió de parecer a ellos, que se reconciliaron conmigo y me dejaron tener un buen recuerdo de aquel campamento. Un buen recuerdo y una buena infección, que también me traje de vuelta. Cuando volví a casa, ya era alguien diferente. Sabía lo que quería y lo que no. Sabía en qué no quería convertirme. Sabía que lo justo, lo verdadero, debía ser la guía de mi vida. Ya había probado lo otro y no me había gustado. De nuevo, John Wayne y sus vaqueros me ayudaron a encontrarme y a no perderme jamás. Cuento esto con orgullo porque, entre otras cosas, fui capaz de comprender yo solo la lección que con nueve años me estaba dando la vida.

Al final, recuperé mi autoestima y la confianza en mí mismo como estudiante y como niño que tenía que buscarse la vida. Fue a partir de ese instante que me sentí libre, y desde aquella libertad comencé a crecer. Y esto quiere decir que empecé a soñar. Cuanto más grande soñaba, más crecía. Mejor estaba, más feliz era. Era yo, y otras mil personas que habitaban en mí: el pistolero de *La muerte tenía un precio,* el bailarín de *Un americano en París,* el enamorado de *Tú y yo,* el héroe de *Los cañones de Navarone.* Como decía, o más bien cantaba Dean Martin en *Río Bravo,* sentía que, como *cowboy* que era, había llegado la hora de soñar. Cuando algo empañaba mi felicidad: un suspenso, una chica a la que no le gustaba, un amigo con quien me enfadaba, recurría a la imaginación. Volaba a otros mundos, a otros lugares, ensoñaciones permanentes. Soñar me daba libertad, y todos los sueños se reducían a uno solo: jugar, jugar a ser otro, interpretar a otra persona, fingir vivir de otra manera. Jugar, soñar, ser otro, imaginar… Cuánto envidio el idioma inglés, que a interpretar lo llama jugar *(to play)* y a los intérpretes los llama jugadores *(players).* No hay mejor manera de describir lo que soñamos y lo que soñamos con hacer. En esa época comencé a hacer amigos de los buenos. Nacho, uno de ellos, sigue siendo mi íntimo cincuenta años después. Lealtad. No hay nada más allá.

Recuerdo que muchas veces, cuando el profesor era aburrido, monótono, incapaz de cautivar a su audiencia, yo miraba a través de la ventana. Había bloques de viviendas pegadas al colegio. Muchas ventanas estaban abiertas. Podía oler lo que se cocinaba en aquellas cocinas, y me gustaba pensar en cómo vivirían en aquellas casas. Qué harían, cuántos hijos tendrían. Si se llevarían bien, si no se hablarían, qué hacían al llegar el fin de semana. Si habría algún enfermo, si habría muerto alguien. Miles de preguntas se agolpaban en mi cabeza. Yo sonreía, me veía a mí mismo sonriendo mientras pensaba en todo esto. Seguramente la sonrisa sirvió para que no me llamara la atención el profesor de turno porque seguramente pensara que mi cara de felicidad se debía a su habilidad como docente. En absoluto, claro. Yo sonreía porque tenía a todas esas personas en mi pensamiento. Los escuchaba hablar entre ellos, enfadarse, besarse, despedirse… A veces me veía volando como Superman y atravesando todas las ventanas de todas las casas de todo el vecindario. Era muy divertido soñar, y más cansado aún. Llegaba a casa agotado y con ganas de meterme en la cama, para seguir… ¡soñando!

2

REFERENTES

«Ver a mi mamá limpiando edificios ocho, nueve horas,
mi papá trabajar... Mis ídolos son ellos».

DIBU

Qué claro lo tenía Dibu, portero de la selección argentina
en el Mundial de fútbol de Qatar, en 2022. Y mira que vién-
dolo jugar parecía estar más cerca de la chaladura que del
sentido común. Pero es lo que había vivido en su casa desde
pequeño, y probablemente con el apoyo de sus padres para
que cumpliera su sueño, que era jugar al fútbol. Aún peor
ser portero. Un puesto que siempre ha tenido poco glamur, y
parece que, para la familia de un chaval, mayor entelequia o
incertidumbre si cabe. No conozco a ningún padre que dis-
frute diciendo que su hijo juega de portero. Sí los conozco
que se sienten orgullosos, sí, pero si son porteros de discote-

ca. Pero claro, ahí la cosa ya cambia. Los porteros de discoteca tienen mucho poder. Deciden quién entra y quién no. Y ojito, porque el que no entra igual se está perdiendo la oportunidad de conocer al hombre o a la mujer de su vida. Los porteros de discoteca siempre me han hecho comprender mejor la culpabilidad de los guardas de los campos de concentración. Ellos deciden entre el sí y el no, entre el éxito y el fracaso, entre la vida y la muerte.

Obvio, que diría un argentino, que hay que sentirse orgulloso si tu hijo es portero de discoteca. Dibu debió de agradecer que sus padres no cuestionaran sus inquietudes, y pudo comprobar el espíritu de sacrificio de sus progenitores para que sus hijos salieran adelante. Y en un país como Argentina, especialmente duro y con serias crisis de seguridad, de justicia y de finanzas, esto le marcó, y por eso no dudó un momento en considerar como sus ídolos a sus padres. No conocía mayor hazaña que la que habían hecho ellos. El talento de jugadores a quienes pudiera admirar pasaba a un segundo plano. Sus padres le dieron todo, le permitieron ser quien era y alcanzar el sueño de su vida, y con éxito, además.

En esto nos parecemos Dibu y yo. Porque yo empecé jugando de portero. No me gustaba, pero tenía una cualidad que nadie compartía ni en mi calle ni en mi barrio ni entre los chicos de los equipos contra los que jugábamos. ¿Mi inteligencia?, ¿mi toque de balón?, ¿mi velocidad?, ¿tal vez mi técnica refinada? Tic, tac… Tic, tac… ¡No!

Era mi gordura. Yo era un gordo rellenito o un gordito relleno, y solo con colocarme correctamente en la portería podía cubrirla casi por entero, haciendo más difícil que nuestros rivales nos marcaran un gol. Para que luego se metan con los gordos. Ser gordo me dio un lugar en el mundo. Todos me miraban y me señalaban como el portero adecuado para dejar nuestro marcador a cero. A ver, nadie decía «que se ponga el gordo», porque yo entonces me habría mosqueado. Recordemos que ya había sido instruido en el arte de la defensa y la autoestima por John y Clint. Así que, si alguien me hubiera dicho eso, a buen seguro se habría llevado, mínimo, una colleja. Pero no era el caso. Así que durante un tiempo soñé con ser portero de fútbol. Bueno, no, más bien soñé con pasármelo bien jugando con mis amigos del barrio y del colegio, y con ganarme algo más importante que un partido o un título: un lugar en el pequeño universo de los niños de mi generación.

Otra cosa en la que me parezco a Dibu es en la profunda admiración que siempre he tenido por mis padres. Ya he dicho que mi padre era electricista y mi madre ama de casa. Mi padre trabajaba dieciséis horas al día y mi madre, veinticuatro. Mi padre no supo nunca lo que era salir de fin de semana, ni ir de cena con su mujer, y espero que tampoco con otra, o con los amigos, ni siquiera lo que era ir de potes o de chiquitos, como se decía en aquella época. Por supuesto, mi padre nunca viajó, salvo cuando hizo la mili. Una vez nos llevó a sus hijos a conocer el lugar en el que había nacido, cerca de Jaca, que casi se pierde, por cierto, y en otra ocasión acudió a un entierro en Madrid. No me consta que allí se perdiera. Mi madre igual. Solo que ella menos aún porque no hizo el servicio militar. Con ochenta y ocho años, la llevé conmigo a México, a Tulum concretamente, a mi boda con Patricia. Cómo disfrutó. Aún hoy reviso vídeos que le grabé sin que ella lo supiera para poder disfrutar de ella cuando le toque faltar. Esto no me ha sonado bien. Pero es verdad, la verdad. No me fío de mi memoria, y la quiero en todos los soportes habidos y por haber que me permitan después disfrutar de ella, llorar con ella, hablar con ella hasta mi propia muerte.

Mi padre era un hombre de posguerra. Vivía en Jaca cuando estalló la Guerra Civil, y le tocó ver muchos camiones llenos de muertos, y también pasar mucha hambre. Mi madre algún muerto vio en las cunetas de Burgos, y hambre pasó menos porque los abuelos Adela e Hilario eran granjeros y agricultores de los que alguna vaca tenían y de los que sallaban patatas con las que poder comer en época de guerra dura. Aquello debió de curtir su carácter. Debió de hacerles duros. Porque cuando crecieron, se vieron obligados a sufrir y a trabajar. Mi padre pudo estudiar un oficio, el de electricista. Mi madre, con leer y escribir se hubo de conformar. Pero mucho me parece para la época que le tocó vivir, sobre todo siendo mujer. Y es que, esto ya es historia, la mujer en la España nacionalcatólica no era merecedora de ninguna consideración.

Ambos emigraron a Barakaldo, donde encontraron trabajo y proyección de futuro. Toda la proyección que se podía conseguir entonces siendo curritos y viviendo en un país muy castigado. Tuvieron dos hijos: mi hermana y yo. Y a ambos nos dieron estudios. Nunca tuvimos placeres superfluos ni lujos cortesanos. Pero comimos tres veces al día, bueno, yo cuatro y hasta cinco, de ahí lo de gordito; fuimos a colegios de pago, teníamos paga semanal para chuches y cine, salíamos cada verano a las tierras del Cid a veranear y tomábamos refrescos en los bares, pocas veces, la verdad, y pan con vino y azúcar en casa. Y mi padre ganó lo suficiente para comprarse un Seiscientos allá por 1968. Cada verano cogíamos la comarcal que pasaba por Balmaseda para ir a Cubillos de Losa, y a veces la nacional para ir a Burgos capital. Mi padre ponía el coche a cien por hora y nosotros le cantábamos: «Adelante, hombre del Seiscientos, la carretera nacional es tuya...».

Qué barbaridad, para haberse matado. Pero éramos felices. Yo seguí estudiando y sacando sobresalientes en el colegio, y algún que otro notable, y algún bien, claro, y bueno, suspendiendo gimnasia por mi incapacidad para saltar el potro. Y mi hermana estudió enfermería, y a esta profesión ha dedicado toda su vida. Mi madre siguió limpiando, cocinando y cuidando de su marido y de sus hijos, y de su madre, ya mayor, y probablemente con alzhéimer, y mi padre continuó trabajando a turnos. Cada vez trabajaba más, y así cambió el Seiscientos por un Seat 850 primero, y este por un Ford Escort después. Me hacía gracia el nombre de Escort hasta que supe lo que significaba, y entonces me hizo más gracia todavía.

De mi abuela Adela pocas cosas puedo contar. Nació en el siglo XIX. Me impresiona recordarlo. Enviudó pronto, no por la Guerra Civil, sino por el maldito cáncer que se llevó a su marido Hilario bien joven. Mi madre me hablaba a menudo de él. Lo adoraba. No sentía la misma pasión por su madre. La verdad es que Adela era de armas tomar. Podría decirlo de muchas maneras, pero lo haré de la más sencilla: le cantaba una mala hostia impresionante. Yo siempre me sentía desprotegido porque mi abuela, en las peleas entre mi hermana y yo, siempre se ponía de parte de mi hermana. Y cuando veía la cosa complicada, no dudaba en usar su bastón para sacudirme en las costillas, y no con ligereza. Aquellas fueron las primeras situaciones en la que padecí la injusticia. Y es que sostengo que las cosas relevantes de la vida se aprenden en casa.

Me hacía gracia ver salir a Adela, mi abuela, de casa, allá por los finales de los setenta, hasta la tienda de la esquina para comprarse dulces y cosas así. Siempre con su cachaba, y siempre vestida de negro. Parecía la viuda de España. Me llamaba amablemente la atención lo de vestirse de negro. Hasta que pasó lo del crimen de Puerto Hurraco. Desde ese día desconfío de todos los que visten de negro. Los veo como posibles asesinos en serie. Y para mí que lo son. Mi abuela no era simpática. A veces ni siquiera «era». Murió con casi noventa y siete años, habiendo sufrido lo suyo; porque desde los ochenta y ocho, aproximadamente, empezó a gozar de poco entendimiento. Muchas miradas perdidas le vi en aquellos años.

A mí me gustaba mucho, y hoy también, la música. Mi padre, con catorce años, me había llevado al Corte Inglés de Bilbao y me había comprado toda la discografía de los

Beatles. Yo, a menudo, los escuchaba. Siempre guardaré en mi mente y en mi corazón la imagen de mi abuela llorando a lágrima tendida cada vez que ponía *A Taste of Honey*. No sé qué pasaba por su cabeza, qué recuerdos le evocaba la música, qué sensaciones le producía, pero cada vez que la canción sonaba, ella lloraba. Y claro, yo se la ponía cada vez que podía. A veces, incluso hacía experimentos con ella intercalando canciones románticas o rockeras con la de los Beatles, y siempre la misma reacción: con la mirada perdida, una expresión de tremenda ternura se dibujaba en su rostro. Creo que eran las únicas veces que mi abuela expresaba dulzura alguna en su cara o en su vida.

Qué generaciones, madre mía. No tuvieron nada. Ni derechos, ni libertades, ni trabajo, ni dinero. No podían quejarse, con independencia de si habían ganado o perdido la guerra. Y lo único que les sobraba era hambre, luz de velas, carbón y caminatas para ir a por agua. Y, por supuesto, enfermedades que los mataban prematuramente, porque tampoco contaban con adelantos médicos. Cuando los observo, no termino de comprender cómo nosotros, con mucho más, estamos permanentemente insatisfechos.

* * *

Así transcurrieron mi infancia y mi adolescencia. Pocos disgustos les di a mis padres. Alguna pira del cole, alguna frase malsonante. Pero ni bebía ni robaba cepillos de la iglesia, ni trasnochaba ni me peleaba, ni tan siquiera me echaba novia.

No porque no quisiera, sino porque era más tonto que hecho de encargo.

Sí, yo había espabilado con los chicos de la calle, me había ganado una reputación como estudiante, pero, en cuestión de chicas, sufría las consecuencias de la educación segregada. Bueno, de hecho, en los paúles de San Vicente no podían estudiar chicas. Así que me faltó mucha cintura siempre para hacerme valer. Casi prefiero no recordar a qué edad di mi primer beso. Que además lo tuve que dar yo, que no me lo dieron. Bueno, espera, tal vez no debo contar esto. Igual cometí algún delito que aún no ha prescrito y me meto en un lío. Bueno, tampoco fue tan importante. En definitiva, creo que les di buenos años a mis padres. Igual mi madre lo pasó un poco peor por mis arrebatos musicales. Me dio por formar un grupo de música en el colegio, Los Polmen, del que yo era el compositor. Además, cantábamos canciones de Elvis y de los Beatles, claro. Los Rolling no me molaban tanto, excepción hecha de algunas canciones, como *Satisfaction*, por ejemplo. Cada vez que componía una canción, me iba a la habitación de mis padres, donde mi madre cosía a la luz que entraba por la ventana, y le cantaba y cantaba cada estrofa. Y, a cada cambio de canción, volvía junto a ella. Sobrevivió. De milagro. Y sin medicación, creo.

Mi hermana, que me sacaba seis años, se lo hizo pasar peor. No por mal estudiante, que fue muy buena; ni por problemática, que siempre fue ejemplo de madurez y honestidad. Sino porque se echó un novio que no les gustó a los aitas. Cuántas lloreras tuvo la pobre. Ahí me reconcilié con ella, y hasta decidí dejarme pegar si hacía falta. Por solidaridad. Aunque no hizo falta, la verdad. Ella fue fuerte, siempre lo ha sido, y resistió las embestidas de la vieja guardia. Acabó casándose con él, y tuvieron dos hijos maravillosos, Estíbaliz y Xavier. Qué pena que no se hubiera estrenado aún *La guerra de las galaxias,* pues mis padres habrían visto que mi cuñado era igual que Luke Skywalker, de pequeño y de feo, digo, pero probablemente igual de guerrero y salvador de las constelaciones. Bueno, habría sido un consuelo. Aunque igual hubiera sido mejor que mi hermana se enamorara directamente de Luke. Debo reconocer que no me gustó lo que le hicieron pasar a Mariasun, mi hermana. Y, además, sentí mucha presión porque pensé en las expectativas que tendrían conmigo. Con lo mal que se me daban las chicas, además. Pasé un tiempo angustiado, pero lo superé.

A pesar de este último incidente, es momento de insistir en que mis ídolos fueron y serán siempre mis padres. Ejemplos a seguir, muchos; gente a quien admirar, a raudales; estrellas de cine a quien querer imitar, a cientos o miles; pero ídolos, mis padres.

Siempre, para siempre.

3

LA TRANSICIÓN

«El futuro no está escrito, porque sólo el pueblo
puede escribirlo».

ADOLFO SUÁREZ, presentación del proyecto de la Ley
para la Reforma Política (10 de octubre de 1976)

La Transición para todos. Para mí, que pasé de la infancia a la adolescencia y de esta a la juventud, para mi vocación, que de crisálida pasó a mariposa, y para el país, que de la dictadura pasó a la democracia. Y todo esto en un puñado de años. Nunca antes en tan poco tiempo habían pasado tantas cosas. Bueno, sí, la historia está llena de capítulos inverosímiles donde se suceden los hechos más extraños, incluso deplorables. Pero esta era una ocasión excepcional porque me afectó en todo. Egocentrismo se llama esto. Juzgar la importancia de la historia por cómo afecta a tu persona.

Mis años de adolescencia fueron bastante tranquilos. Nunca me dio por beber, no tuve acceso a las drogas que empezaban a deambular por Barakaldo y no salía mucho de casa. El estudio, la lectura y el cine me bastaban para estar contento. En el colegio las cosas funcionaban más o menos bien. Los paúles seguían arreando mamporros para imponer el orden, los profes seguían siendo igual de aburridos dando sus clases, los horarios seguían pareciéndome interminables, y mi mente seguía vagando entre sueños de gloria inalcanzables. Habían cambiado algunas cosas. Ya no había un profesor por curso, sino por asignatura, con lo que el aburrimiento se multiplicaba hasta el infinito, y mis compañeros, los que habían pasado el corte de octavo curso de EGB y comenzaban BUP, me querían, me respetaban y hasta me elegían como delegado de curso para representar sus intereses.

Esto sí que fue un cambio. Yo debo reconocer que al entrar en el bachillerato me vine un poco abajo. Mis notas ya no eran tan impresionantes, aunque seguían siendo buenas, y pasaba de curso sin asignaturas pendientes. Parte de la culpa era la escasa motivación que tenía. Y en esto compartía mi culpa con los profesores. No me voy a cebar porque la mayoría ya estarán muertos cuando escribo estas líneas, no podrían defenderse de mis acusaciones. Pero bueno, como quedará alguno vivo, voy a dar un poco de cera. No, tranquilos, tranquilos, que yo también creo en la vida eterna, y no quiero ni pensar en la posibilidad de encontrármelos en el reino de los Infiernos (porque ese es nuestro lugar, seguro), y, aparte del fuego y el calor, tener que soportar sus reproches. De

todas formas, algún figura hubo entre aquella maraña de do-
centes. «El Botijo» fue uno de esos *cracks*.

Ya lo llamaban así. Vamos, que a nosotros el mote nos
vino de serie, no fue cosa nuestra. Y así lo llamaban porque
parecía un botijo: bajo y regordete. No creo que hubieran
pensado en el pitorro y tal y cual. Pero vamos, que no lo sé.
Una buena tarde de otoño, con poca luz en clase, y mientras
explicaba la asignatura de nombre Pretecnología, nos dibujó
con mal trazo una figura poliédrica en la pizarra, alzado y
perfil, combinando líneas continuas y discontinuas, a la vez
que, con voz aflautada, nos trataba de explicar las razones de
tan sin par dibujo técnico. Tras más de diez minutos de pero-
rata, paró, nos miró y preguntó: «¿Lo ven ustedes?». Nos
trataba de usted, sí. Nadie contestó, claro. Nadie había entendido una sola palabra de lo que había dicho. Algunos incluso estábamos pensando si nos habríamos equivocado al no
estudiar formación profesional. El silencio era abrumador,
tan abrumador como en la lectura de una sentencia. Perma-
neció de pie sobre sus escasos ciento cincuenta centímetros
y volvió a preguntar: «¿Lo ven us-te-des?». Redobló el silencio. Tres segundos, y más silencio, seis segundos, y creí escuchar un lejano gemido. A los diez, doce segundos, se podía
oír cómo chocaban contra el suelo algunas gotas de sudor.
Entonces, el Botijo se trasladó de la pizarra a su mesa de profesor, cogió lo que parecía ser una caja de cerillas, volvió a la
pizarra, abrió la caja, extrajo una cerilla, que nos mostró (nadie entendía qué diablos estaba haciendo), la encendió y,
acto seguido, alumbró las figuras dibujadas en el encerado

y preguntó de nuevo: «Y ahora, ¿lo ven ustedes ahora?». La carcajada fue brutal. La liberación máxima. Y la certeza de que aquel hombre iba a convertirse en el mayor escollo para pasar de curso, y en el mayor cabrón de todos nuestros maestros de todos los tiempos habidos y por haber, absoluta.

Pero, a partir de aquella tarde oscura, fría y desapacible del otoño baracaldés, el Botijo se convirtió en don Manuel Zabalbeitia, un profesor que se erigió en el «Oh, capitán, mi capitán» de *El club de los poetas muertos,* porque fue el primero en hacer que nos chocáramos con la realidad de una vida exigente que nos habría de provocar muchos quebraderos de cabeza con el paso de los años. Obviamente, lo amo. Demostró tener un sentido del humor, en general, poco compatible con el ejercicio de la enseñanza. Y es que los profesores, a menudo, se toman a sí mismos demasiado en serio. El señor Zabalbeitia no. Fue un buen encajador de los motes y las bromas. Y generoso en el esfuerzo de enseñar a una buena tropa de torpes. Con el tiempo nos convertimos en amigos. Lo veo poco y poco hablo con él, pero su presencia en mi vida ha sido siempre muy importante, y prueba de ello es que en este libro me atrevo a mencionarlo sin miedo a herirlo o a ofenderlo.

Otro profesor que perdurará en mi memoria hasta el día que muera (yo, porque él ya ha fallecido) es el padre Erramun Aizpuru. Para mí, y para muchos, simplemente «Aita» (que significa padre en euskera). Llegó el último de nuestros años en el colegio, el mejor de todos los que pasamos allí porque por fin… ¡llegaron las chicas! Fui testigo de lo que implica la revolución hormonal; qué digo: fui testigo de la ansiedad de relacionarnos con el sexo opuesto con total naturalidad y con la excusa de compartir derechos y obligaciones. Aquel año fue fantástico. Sin duda, permitió la culminación de nuestra incipiente madurez. Nos permitió tratar con absoluta normalidad la atracción y el sexo, sin estridencias de ningún tipo. Ahora bien, debo confesar que la concentración disminuyó de forma extraordinaria. El profesor ya no era el foco único de nuestra atención. Pero esto fue una buena lección, porque en la vida, a menudo, hay que dispersarse para atender a varios frentes, y es que los frentes, como las borrascas, asoman sin previo aviso y con alto nivel de exigencia.

Yo disfruté como un enano con las borrascas. Eso sí, estudié poco. Copié algo y alguna irregularidad reconozco que cometí. Pero es que había ya poca fe en el sistema. Y mucha necesidad de abandonar aquel estupendo y vetusto edificio de viejos curas gruñones. Teníamos un profesor de Historia que era un cura despistado y simpatiquete. Después de la primera evaluación, en la que suspendió a prácticamente todas las chicas de clase, hubo una revolución de féminas guerreras, que, en su afán por ser aprobadas, rodearon a nuestro ilustre maestro exámenes en mano, girando a su alrededor, exigiendo a gritos comprensión y clemencia para lograr que el hombre, al ser incapaz de resistir más aquel acoso, diera un aprobado general.

Al principio, los chicos disfrutamos con el espectáculo, pero a medida que se desarrollaban los hechos nuestra indignación crecía de manera exponencial, y terminamos todos

gritando al unísono: «Calzonazos, calzonazos, calzonazos...».
Qué bochorno. Bueno, qué bochorno, pero las aprobó a todas. Juramos venganza, y como era de esperar, nos vengamos.

Ocurrió en la siguiente evaluación. El profesor puso un
examen difícil de catalogar: ¿cabroncete?, ¿imposible?, ¿simplemente canalla? El caso es que del aula no salió plenamente satisfecho nadie. Acostumbraba el hombre a dejar los exámenes que debía corregir en una pequeña sala contigua a
donde se impartían las clases. Todas las clases. Un buen día,
dos o tres después de aquel examen, y ya cerca de la Navidad, descubrimos que el profesor se había olvidado las llaves
en la cajonera de su mesa. Nos frotamos los ojos. Todos sa-
bíamos de sus despistes, pero aquel fue extraordinario. Nos
miramos entre nosotros. Bueno, entre nosotros tres, debería
decir: Iñaki, Edorta y yo. No lo dudamos un solo instante.
Cogimos las llaves, abrimos la puerta de la sala contigua, lo-
calizamos los exámenes, nos los llevamos, cerramos de nuevo
la puerta, dejamos las llaves donde las encontramos y nos
fuimos de allí al paso. Ni siquiera al trote. No, al paso. Yo no
fui quien los quemó. Los exámenes, digo. Pero se quemaron.
Jamás fueron encontrados. Desaparecieron. Nadie los pudo
encontrar. Y mira que los buscaron. Y nos interrogaron, y
nos amenazaron con expulsarnos. A nosotros no, a todos.
Porque nadie supo nunca jamás quién hizo desaparecer
aquellos maravillosos exámenes del curso de COU C de los
padres paúles de Barakaldo. Yo, a fecha de hoy, sigo sin saberlo. Se lo que sé y no me puedo inventar lo demás. Sé quemaron, los quemaron, alguien los quemó. Yo solo me encon-

tré una llave, abrí una puerta; bueno, no: alguien la abrió y yo entré por ella, después vi unas hojas, salí, dejé la llave y me marché. Nunca supe qué nota había sacado en aquel puñetero examen. Nadie la supo. El examen no se repitió. Aquella evaluación, la asignatura de Historia se quedó sin calificaciones en nuestro historial académico.

Volvamos a Erramun Aizpuru, Aita, testigo mudo de esta tragedia griega y el mejor profesor de Literatura que he tenido. Admirador de Baroja y Valle-Inclán, hijo de un actor español que vivió la época dorada del cine de Hollywood, como figurante y secundario, supongo; poeta, irónico cuando no sarcástico, curioso e indiscreto, liante a su manera, amable, inspirador y gran amante del teatro. Mi complicidad con él fue extraordinaria. Nos entendimos desde el primer momento, pese a la diferencia de edad y de estatus. Él, profesor; yo, alumno; él, adulto y yo, bisoño. Pronto comenzamos a hablar de teatro. Le conté mi sueño: ser actor, y él me animó a formar un grupo de teatro y a poner en pie un espectáculo. Se ofreció a dirigirlo para transmitirnos todo lo que había aprendido de su padre y de su propia experiencia. El texto elegido: *La dama del alba,* de Alejandro Casona. Los artistas: alumnos de COU y primero de carrera que compartíamos gusanillo y amor por las tablas. Me enseñó muchas cosas imprescindibles si te dedicas a esta profesión: disciplina, concentración, espíritu de trabajo en equipo, sacrificio, aceptación de las críticas, humildad, respeto hacia el trabajo de los demás, compañerismo... Fue fundamental su labor educadora.

La verdad es que el teatro, la puesta en marcha de un proyecto, tiene la capacidad de generar y trasmitir gran cantidad de valores esenciales para un correcto desarrollo de la personalidad. Pero, en el campo del arte dramático, me enseñó también todo: a leer críticamente un texto, a analizar los diálogos y los personajes, a entender las intenciones, a puntuar los escritos, y también a respirar, a vocalizar, a proyectar la voz, a situar el cuerpo, a manejar las manos, a no molestar los parlamentos de los demás actores, a no distraer el foco de lo importante, a valorar los silencios y las miradas prolongadas, a tener presencia en escena, a entrar y salir de ella sin protagonismos egoístas, a no sobreactuar en las declamaciones dramáticas... Y muchas cosas más. Su figura fue muy inspiradora para mí, y muy pragmática. Tenía un maestro más que un profesor, un amigo más que un director, un cómplice más que un examinador.

Aita se convirtió en mi primer maestro, el más importante. Por eso, porque aprendí a quererlo como era, y lo acepté plenamente, años después, cuando los responsables de la productora Bulldog y de Mediaset decidieron darme una sorpresa llevando a Aita al programa *Volverte a ver,* que yo estaba presentando en 2018 en Telecinco, me llevé una de las mejores y más emotivas alegrías de mi vida. Porque Aita tuvo la oportunidad de disfrutar de mi éxito profesional, de un éxito que sin duda él había ayudado a construir, sino es que lo construyó por entero con la educación que me impartió.

Después de Aita llegaron tiempos de observación, estudio, práctica y repetición. La repetición qué importante resulta. Sin repetición no hay perfección, ni seguridad tampoco. Yo ya no dejé de leer teatro. Continuamente. Debo aclarar, sin embargo, que mi gusto por este género literario había empezado unos cuantos años antes. Yo andaba por los catorce, creo, cuando, en una aburrida tarde de domingo, de esos domingos en que mi madre pasaba el día entre lavadoras y coladas al viento, descubrí en la librería de mi hermana la obra completa de Federico García Lorca en un solo volumen. En una tarde me lo leí entero: *Bodas de sangre, Yerma, La zapatera prodigiosa, La casa de Bernarda Alba, Doña Rosita la soltera, Mariana Pineda*... Ahí empezó mi devoción por esta forma de escribir, de contar, de mostrar. Luego compré obras de Molière, Shakespeare, Lope, Calderón, Buero Vallejo, Alfonso Sastre, Miller... En fin, todo lo que podía comprarme con la paguita de mis padres.

En Lorca cimenté mis ganas de leer teatro más que novela o poesía. Y en las tablas adquiridas con mi Aita comenzó mi necesidad de ver teatro y de hacer teatro. Continuamente, fervorosamente. Mi otro gran cómplice fue curiosamente Manu «Botijo» Zabalbeitia, que me acompañaba cuando yo tenía diecisiete y dieciocho años al hotel Ercilla de Bilbao, en plena feria de agosto, a ver a todos los actores que entrevistaba Carlos Bacigalupe en las noches de Bilbao, en jornadas trasnochadoras y románticas. No me perdía ni uno. Ahí conocí a actores y actrices que me inspiraban y a quienes había visto ya en alguno de los teatros de la ciudad. Todas las noches de cada temporada, de cada año, y durante años, yo actuaba con mi grupo, La Espuela, acudía a los teatros de la villa, iba a cada uno de los coloquios de teatro del Ercilla. Tal era mi pasión que ni siquiera en el año de las famosas y tristes inundaciones de Bilbao me perdí una sola noche o una sola función.

Así se cimentó mi amor, mi pasión por el teatro. Nosotros éramos humildes, hacíamos pocas funciones de cada obra, fundamentalmente en la universidad, en los paraninfos de algún colegio, en algún que otro frontón, e incluso en residencias de mayores. Tan humilde era todo que nunca puse en mi currículum que había formado un grupo independiente de teatro, ni que había representado un puñado de obras. Me daba apuro, me parecía irrelevante. Después comprendí que, sin aquella experiencia y formación, el veneno del teatro no se me habría inoculado en el alma, y quizá se habría ido diluyendo poco a poco hasta perder todo interés real por las tablas.

Así que sí: todo aquello, pequeño, minúsculo, resultó ser imprescindible para que esté hoy aquí escribiendo este libro. Manu y Aita, Aita y Manu, demuestran que es importante encontrar en tu camino de formación y madurez a las personas indicadas, que te guíen, te den confianza, te enseñen, respeten tus sueños, los alimenten y te apoyen. Dos maestros, dos amigos, dos personas capaces de ponerte en tu sitio y de estimularte al mismo tiempo. Lo mismo que necesitaba España en aquellos años convulsos, y los tuvo, no dos, sino varios. Después de todo, desmontar el franquismo y construir desde cero una democracia no tuvo que ser fácil, pero se consiguió. Y gracias a ellos muchos pudimos votar al ser mayores de edad y sentirnos en libertad por primera vez en la vida. Esa misma que en los ochenta se adueñaría de cada rincón del país, haciendo que la vida fuese sencillamente maravillosa. La misma libertad que yo había experimentado leyendo a un Lorca genial, que escribió maravillas que me embrujaron y me llevaron al frenesí literario.

Fui un afortunado. Y viví esa fortuna mientras seguía en casa de mis padres, con una paga de mil pesetas de la época al mes, estudiando Derecho, saliendo de copas con los amigos, y enamorándome de la vida y de… ¡las chicas! Sí, tenéis razón, sin trabajar. Envidio y admiro a los jóvenes y jóvenas (es cachondeo) que estudian y trabajan a la vez. Me admiran. Tienen espíritu de sacrificio, conciencia de su situación, ánimo para ayudar en casa, y pasión por sus vocaciones futuras. Yo no era así de guay, de *cool*. Yo era peor. Buen chico, pero sin tantos valores. Claro que estudiaba, hacía teatro y también mis pinitos como autor teatral. Pero mi estado era el de estudiante. Con vida de estudiante y con sueños de… soñador. Vamos, que fui una carga para mis padres. Y como después de acabar la carrera me convertí en opositor (a notarías, no al régimen político), pues seguí viviendo escandalosamente bien a cuenta de mis padres. Bueno, escandalosamente tampoco. Esas mil pesetillas no daban para nada: conducía el Seat 850 de mi padre, que tenía poco glamur y espantaba a las pocas chicas a las que me acercaba, no me iba de viaje al extranjero ni podía invitar, más allá de una burger, a ninguna chica a cenar; ya ni hablar de irse de fin de semana para echar un polvete en un motel de carretera. Vamos, que mi vida era casi chunga.

Tampoco nos pasemos: fui muy feliz durante los años de universidad, me complació estudiar Derecho y hacer teatro. Fueron años divertidos sin más exigencia que aprobar exámenes y obtener los aplausos del público. Y con las chicas no se me dio mal. Me enamoré varias veces, aunque nunca fui correspondido, y se enamoraron de mí sin que en mi estómago tuviera mariposas revoloteando. Tonteé, y me tontearon, y creo que en el partido pocas veces gané, menos perdí, y algunas acabé empatado. Ni tan mal. Igual influyó un poco que mi padre (que era pluriempleado, recordemos, y que aún no pagaba impuesto sobre la renta, que no se creó hasta 1982 con el ministro socialdemócrata Fernández Ordóñez) se comprara el Ford Escort, que sí que molaba.

Aquí noté yo un salto cualitativo en el asuntillo de las «neskas» (chicas o chavalas). Ya me parecía más a James Bond conduciendo el Escort. Vamos, que me salió más compañía, como en su justa medida era de esperar por el significado de la palabra *escort* en inglés… Vaya chorrada que acabo de escribir. Siempre recordaré a la chica cuyo nombre soy incapaz de recordar, que veraneaba en Cubillos de Losa, y de la que me enamoré hasta las trancas; y a Arachu, una compañera de clase en la Facultad de Deusto, por la que bebía los vientos, los mares…, lo que me pusieran por delante. Aún hoy me acuerdo de sus ojos marrones preciosos, y de su sonrisa honesta y agradable. Menos mal que con el paso del tiempo volvería a enamorarme, porque si no, mi vida, desde que acabé la carrera y dejé de verla, habría sido un tormento

sin fin. Pero el tiempo todo lo cura. Creo. No sé. En definitiva, que todo era bueno. Lo malo llegaría después, al acabar
los estudios y empezar la vida. Había que estar a la altura de
las circunstancias. Había que tomar algunas decisiones para
el futuro. Despejar el camino. ¿Podría yo despejarlo, como el
viento despeja los nubarrones?

4

CUANDO ERES COBARDE Y TE PORTAS COMO UN COBARDE

«Los cobardes mueren muchas veces antes de su verdadera muerte».

WILLIAM SHAKESPEARE

Acabé los estudios. Me convertí en licenciado, como en las telenovelas latinoamericanas. Casi me compro un sombrero colombiano y me dejo bigote. Alegría inmensa, esfuerzo acabado, fase terminada, momento de vida superado. Pero, lejos de estar contento, alegre y feliz, comenzaron las comeduras de coco, las reflexiones constantes; en fin, las dudas. Razón: que el Derecho no era mi vocación. No quería yo ser abogado, más allá de participar en el *casting* de *Ironside,* aunque hubiera sido de asesino inconfeso, arrastrado al cadalso tras un brillante interrogatorio del abogado yanqui. Yo envidiaba a quienes, al día siguiente de acabar la carrera, ya estaban buscando trabajo en bufetes, en hospitales o clínicas, en los cuerpos de policía y de bomberos, o en la tienda de la esquina. No era mi caso. Yo me martiricé un tiempo. ¿Quería ser actor? ¿Era esta mi más poderosa vocación? ¿Había nacido yo para emular a mi maestro John Wayne? Por feo, seguro. Y a Clint podía emularlo también. Mis escupitajos tenían fuerza; la fuerza de la juventud. Nada que ver, eso sí, con la fuerza del semen del maestro.

Pero había visto yo demasiadas películas de Paco Martínez Soria. Es lo que tiene el cine, que unas veces ayuda, pero otras termina perjudicando seriamente la salud. Mi imagen de Madrid, ciudad muy grande para un baracaldés, gracias al gran Paco, era la de una ciudad inhóspita donde ganarse la vida era muy complicado. Yo era recién licenciado, sin recursos, gran desconocedor del mundo de la farándula en una época, los ochenta, en la que no había más que una televisión (La Española, como la aceituna), los teatros privados y sus compañías parecían inaccesibles, no existían estudios reglados de interpretación, y el mundo del cine parecía débil y muy competitivo. Por no hablar de la falta de una red de teatros públicos, o de una política cultural de ayudas. Me veía llegando a la capital del imperio con una cesta llena de huevos de corral y de chorizos, y con mil pesetas en el bolsillo de atrás del vaquero, preguntando por direcciones ignotas donde encontrar posadas quijotescas repletas de chinches en barrios recónditos de una ciudad hostil. Y me entró el pánico. Claro, con semejante panorama, a quién no le entraría. Cuando tienes un ataque de pánico, dudas de todo, incluso de tu vocación. Me convencí de que, en realidad, no quería ser actor; de que ya habría tiempo para intentarlo si eso; de que cerca de casa y de los amigos estaría más protegido; de que, después de todo, John Wayne tampoco... En definitiva, fui cobarde y me comporté como tal. Necesitaría años para encontrar otro camino que me condujera al mismo sitio. Todos los caminos llevan a Roma, sí, pero, como vamos a entender enseguida, unos son cortos, otros son más largos y algunos (los que elegí yo) larguísimos. Pero bueno, mientras escribo este libro ya estoy en Roma. Metafóricamente hablando.

Una vez que me había autoconvencido, es decir, autoengañado, empezó un periplo de búsqueda vital para mí. ¿Qué hacer?, ¿a qué dedicarme?, ¿cómo ganarme la vida? No conviene hacerse tantas preguntas. Además, nadie sabe darte la respuesta adecuada, o al menos la que tú esperas y que te tranquiliza. Volví a la universidad a entrevistarme con profesores en busca del consejo perdido. Nada. Pregunté a mi cuñado, que era abogado en ejercicio, por el desempeño de la profesión. Peor. Entonces, el profesor Matilla me llamó para aconsejarme que preparara oposiciones. ¿En serio? ¿Estar dos o tal vez veinte años más estudiando? «Sí —insistió—, usted puede ser notario o registrador de la propiedad si se lo propone». «Bueno, ya, pero es que hay que proponérselo», le dije yo. «Déjese de zarandajas, usted sea notario o registrador y después ya se dedica a lo que quiera». Yo no le veía sentido a nada de aquello. Para eso, me dedicaba ya a otra cosa y santas pascuas. Total, que estaba como Stallone en *Rocky:*

desencajado. Un amigo me habló de la existencia de unas becas del Gobierno vasco para preparar oposiciones a juez. Sonaba bien. Lo de las becas; lo de ser juez no tanto. Me permitía pensar que no tendría que sangrar más a mis padres. Seguiría estudiando, pero sin costar dinero. Alguno de ustedes estará pensando que me podría haber puesto a trabajar. Tal vez sí, pero no soy tan perfecto. Y además soy hombre, y, por lo tanto, incapaz de hacer dos cosas a la vez.

Estuve tentado, sí, y de hecho solicité la beca, sí. Y me la dieron, sí. Pero no la utilicé. Acabé renunciando a ella. No quería ser juez, no me veía en un estrado con una toga escuchando testimonios e interrogatorios, y menos aún tomando decisiones. Si hubiera sido juez penal, no habría condenado absolutamente a nadie. A nadie. Siempre creo en la inocencia de los acusados. Siempre desconfío de fiscales y acusadores. El cine me había hackeado el cerebro. Solo vería no culpables pasando años en el corredor de la muerte esperando la ejecución de su sentencia a muerte. Miren si estaba condicionado que era el sistema procesal de otro país, que nada tiene que ver el de España, el que me llevaba a semejantes disparates.

Pero es que, para mí, verdad y justicia siempre han sido valores esenciales. No soporto la injusticia, y los errores judiciales son, sin duda, una de las mayores expresiones de injusticia. Me acuerdo ahora del caso del marroquí Ahmed y de un amigo suyo, acusados de violación, condenados por los tribunales españoles, e incapaces de conseguir la revisión de su caso, menos aún la declaración de su inocencia. Y eso que uno de los guardias civiles responsables de su detención fue de gran ayuda, porque sugirió que el gran parecido físico de Ahmed con un sospechoso de varias violaciones habría sido la causa de su falsa identificación por las víctimas, que dio lugar a un tremendo y garrafal error judicial. De nada sirvió la intervención de la Guardia Civil, ni el clamor de Ahmed y de su amigo, también marroquí, por su inocencia. Fueron encarcelados.

El amigo moriría en prisión, inocente del delito del que se lo acusó. Ahmed pasó más de quince años entre rejas. Nadie lo salvó. El Tribunal Supremo había pedido el indulto del Gobierno, bajo la sospecha del error judicial y de la chapuza procesal. Ningún Gobierno lo concedió. *El País* publicó muchos artículos que clamaban por la defensa de Ahmed. Presión mediática, y de la buena. No sirvió.

En 2023, más de treinta años después del momento en que acontecieron los hechos, el Tribunal Supremo ha dictado sentencia declarando su inocencia y regenerando su honor. Tarde, demasiado tarde. Y, además, lo han hecho basándose en un procedimiento irregular, en la falta de apreciación de una prueba fundamental: un contraste del semen hallado en el cuerpo de la víctima y el propio semen de Ahmed. Y hablan de una prueba practicada y documentada que ningún tribunal valoró. La omitieron. Impresiona. ¿Se pueden cometer más torpezas? ¿Se puede ser más injusto impartiendo justicia?

En este proceso estuvieron implicados grandes juristas, pues piensen si me hubiera pasado a mí. Me habría muerto.

El sentido de la justicia me habría obligado a suicidarme para reparar el error y el dolor de condenar a un inocente.

Cosas así se me pasaban por la cabeza. Total, que no acepté la beca. ¿Me equivoqué? Lo que no se me pasaba por la cabeza, pese a como estaba el país en aquellos años ochenta de violencia general y política sangrienta, era pensar que al ser juez acabaría jugándome la vida. Pero así habría sido. El Gobierno vasco becaba a los opositores a juez, pero a cambio exigía que, tras aprobar la oposición, se pidiera destino en Euzkadi porque nadie quería ser juez en Euzkadi. Ni policía ni funcionario público en general. Olía a muerte en mi tierra. En mis años de estudiante, José María Lidón me dio clases de Derecho Penal. Magnífico profesor, excelente persona. Era juez. Un día de los años noventa, me desperté leyendo la noticia de su asesinato a la salida del garaje de su casa. ¿Qué crimen había cometido? Ser juez. Bueno, ser juez y fácil de matar. Ya que hablamos de cobardes en este capítulo, hablemos de los mayores cobardes que se han conocido, los de ETA. Hacían lo fácil: matar a gente fácil de matar, como Miguel Ángel Blanco. O como José María Lidón. Tal vez acerté no estudiando judicatura. Por esto, por aquello, por todo.

Al final, preparé oposiciones a notarías. Un error. Otro más derivado de mi cobardía. Estudié dos años, perdí diez o doce, que son los que envejecí en el proceso. Perdí también alegría, tiempo; hasta perdí pelo. De aquel entonces viene mi debilidad capilar que me obliga a consumir minoxidil y tragar pastillas cargadas de finasterida. Perdí muchas cosas, pero pudo ser peor. Pude haber continuado estudiando, y haber aprobado, y haber ejercido como notario desde los treinta años hasta la jubilación. Y haber así perdido la vida, mi vida, en cosas que ni me atrapaban ni me satisfacían, ni me habrían hecho feliz jamás.

Pero no seamos quejicas, damas y caballeros, que no solo me quitaron, no; también me dieron. Para el pelo, lo primero, ya lo hemos visto, pero hubo más. Mucho más que gané con el error de no dedicarme a lo que me gustaba, de autoengañarme. Aquellos años de estudio soporífero me dieron muchas cosas. En primer lugar, una gran memoria que luego he ejercitado en mi profesión para asombro e incluso admiración de muchos directores y directivos. Y de muchos compañeros, que tienen dificultad extrema para aprender un texto y, sobre todo, para aprenderlo con rapidez. Ese problema no lo he tenido nunca. Pero bueno, he tenido otros. Por ejemplo, que me gusta morcillear. Lo que algunos llamamos naturalizar los textos, hacerlos nuestros, o simplemente no perder la oportunidad de hacer un buen gag, chiste para entendernos, al albur del ingenio y la improvisación.

En segundo lugar, aprendí disciplina, que me ha servido en mi vida profesional y también en la personal. Por ejemplo, para escribir este libro. No es fácil dedicar cada día un tiempo prefijado con compromiso para hacer frente a las obligaciones, que normalmente te dan menos placer que las devociones. También adquirí espíritu de sacrificio, que es muy necesario para hacer lo que debes renunciando a lo que quieres. Disciplina y sacrificio son primos hermanos, o primas, bueno, o primes. Y los tiempos de estudio de la oposición me dieron paciencia, mucha paciencia. Y la oportunidad de recapacitar sobre mi vocación y mis ilusiones. Entre lamento y lamento, de camino a ninguna parte, comprendí que tenía que cambiar de tercio, que tenía que reinventarme, buscarme la vida en lo financiero, y darme una oportunidad en lo pasional. Sí, iba a tener razón Jorge Luis Borges cuando decía que las desdichas son como arcilla para los artistas. Tanto sufrimiento por no hacer lo debido me dio fuerza para retomar la buena senda.

5

Un refugio en mitad de la tormenta

«Nunca dejes pasar una oportunidad que te
haga feliz a ti, aunque a los demás no les guste».

Oscar Wilde

Dicho y hecho, aunque medió un trecho. Renuncié en mi
fuero interno a ser notario. A viajar por la España profunda
conforme al escalafón obtenido en la oposición buscando
dónde poner la notaría. Renuncié a moverme entre legajos, a
discutir sobre préstamos, a aconsejar sobre regímenes económicos matrimoniales, a compraventas de inmuebles y a muchas cosas chiripitifláuticas más. Cómo echo de menos a Va-
lentina, Locomotoro y el capitán Tan. Y a los hermanos
Malasombra, por supuesto.

Me puse a leer los anuncios de empleo de todos los periódicos. Cualquier cosa podría valerme: agente de seguros,

pasante de bufete, abogado de empresa, lo que fuera. Mi plan secreto era muy sencillo: trabajar para ganar un sueldo y en mis ratos libres volver a organizar mi grupo de teatro, La Espuela, para seguir representando obras allá donde me dejaran. No fue rápido el proceso, pero, al cabo de unas semanas, me topé con la publicación en todos los periódicos de un concurso de méritos para obtener una plaza de profesor de Derecho de la Publicidad en la Facultad de Periodismo del campus de Leioa, y una segunda plaza de profesor de Derecho Mercantil en la Facultad de Empresariales sita en Bilbao, en Sarriko concretamente. Me presenté a las dos. Total, lo más probable era que no consiguiera ninguna. Rellené la documentación y la entregué en la universidad. Me relajé. Mucho esfuerzo, me dije. Ahora a esperar. Y si no consigo nada, a seguir buscando, y si no encuentro nada, entonces sí, con determinación, me compro unas morcillas, unos chorizos de cantimpalo, unos huevos rancheros, pan de hogaza, una buena maleta en la que meterlo todo, y, ¡hala!, para Madrid, a intentar ser actor sin morir en el intento. Bueno, ahora lo pienso y tiemblo. Porque, claro, habría llegado a Madrid en plena Movida, lo que significaba que tendría muchas papeletas para perderme en el camino, o para encontrarme, claro, según se mire. Pero seguro que muchas y excitantes cosas me habrían pasado en aquel periplo de haberse producido. Madrid bajo los efectos de la libertad más absoluta, con un Gobierno progresista, con discotecas a todo ritmo, y rodeado de todas las tentaciones inimaginables. Sí, habría sido una experiencia maravillosa y educadora, además de liberadora. Con estas ideas fantaseé a menudo, pensando que, en el fondo, el golpe de suerte sería que no me admitieran en la universidad, que no encontrara ningún trabajo al uso para ganarme la vida y que no tuviera más remedio que cruzar el Rubicón y adentrarme en el peligroso mundo de *Madrid Vice,* a sobrevivir como los héroes de mis películas.

Pero la vida es tozuda y siempre acaba por colocarte en tu sitio, o en uno parecido al tuyo, que puede incluso ser peor. Así que una buena mañana, de compras por Baracaldo, esta vez con *c*, que no había mucho dinero, camino de casa me topé con el cartero de mi barrio. «¡Hombre, Carlos! —me dijo—. ¡Tengo una carta para ti!». Yo creo que entonces aún no existía este programa en televisión, que presentó Isabel Gemio. Me pregunto si no deberían pagarle derechos de autor al cartero por esta frase que acabó convirtiéndose en título mítico del *show business.* Y yo contesté: «¿Ah, sí?». Y la recogí. Era de la Universidad del País Vasco. La abrí con miedo, autoconsolándome anticipadamente por un fracaso anunciado. ¿Quién podría quererme a mí como profesor, sin experiencia alguna y sin haberme visto siquiera la cara? Bueno, no, a ver, alguna experiencia docente sí atesoraba. Como tenía fama de buen estudiante, cuando llegaba en verano a Cubillos de Losa, Burgos, a veranear-aburrirme-soporíferamente con mi familia, me tocaba dar clases a todos los niños del pueblo. Sus padres, inocentes ellos, veían en mí al salvador del expediente académico de sus vástagos. No se me daba mal, la verdad. Y lo mejor: me proporcionaba dinerito para el veraneo y mucha diversión. Es que con dieciocho, veinte años, un pueblo agrícola y ganadero de la meseta castellana carece de estímulos suficientes. Aunque en mi caso, reconozco que me enamoré de una chica dos años mayor que yo, y con más espuelas que Clint en *El jinete pálido,* que me tuvo superentretenido de sufrimiento e impotencia durante tres largos meses. De no haber sido por aquellos niños, me habría pegado un tiro. Ojo, *cuidao,* es una forma de hablar. Pero me lo habría pegado.

Este era mi pobre bagaje. Lógico, por lo tanto, que procediera a abrir aquella misiva universitaria con poca fe en mis posibilidades y dándome desde ya argumentos para achicar el impacto negativo que intuía. Menos mal que, salvo para la televisión, y no siempre, mi intuición siempre ha sido una mierda. Abrí el sobre, desplegué las hojas, y mis ojos se abrieron como platos, o como dice mi adorable suegra, Mariel: me quedé ojiplático. No solo me habían seleccionado como profesor de Derecho de la Publicidad en Periodismo, no, sino que, además, me habían seleccionado también como profesor de Derecho Mercantil en Empresariales, en Sarriko.

A falta de una plaza, había ganado las dos. ¡Las dos! Me sentí como Bosco tras ganar la edición vigésimo tercera de *Supervivientes*. Pero sin Adara al lado, que no es igual. Di saltos de alegría, llamé a mi madre, a mi novia, a mi padre, a los amigos, al vecino de enfrente, a las amigas con las que jugaba al julepe, Marimar, Margui e Isabel; al barman del bar de enfrente de mi casa, al teléfono de la esperanza para decirles que ya no me suicidaba, al vecino del tercero, que estaba como una regadera y se pasaba el día dibujando escafandras que permitirían a los hombres nadar bajo el agua, y que me había nombrado su representante para vender el producto; a mi novia otra vez, y así «hasta el infinito y más allá», como mi héroe de ficción favorito. Toda aquella algarabía se acabó cuando mi madre me preguntó qué opción iba a elegir, porque, claro, las dos no me iban a dar. Buen dilema. Lo pensé unos días, los que mediaron entre la comunicación y la cita que hube de mantener con el responsable del departamento de Derecho Privado de la universidad, del que dependían ambas asignaturas.

La reunión me facilitó la información necesaria para tomar una decisión. Partíamos de una realidad incuestionable: yo no quería hacer carrera en la universidad, no había nacido para ser profesor, quería ser actor. Mi sueño seguía siendo subirme a un escenario, representar un clásico, ponerme unas cartucheras, vamos. Así que necesitaba un trabajo que, por encima de otras cosas —dinero, futuro, consideración o prestigio—, me ofreciera tiempo. Tiempo para leer teatro, para escribir teatro y para hacer teatro. Por eso aquella entrevista fue muy reveladora. Desde el departamento de Derecho Privado me lo dejaron claro: si elegía Sarriko, entraría en un departamento con mucho profesorado, tendría un futuro prometedor como profesor primero, y como doctor después, y una tremenda proyección profesional por el corte de la asignatura y su prestigio innato, incluso en términos de ejercicio profesional de la abogacía. Pero, ¡ay, amigo!, si escogía la otra opción, me iría a una facultad bastante desprestigiada, con una asignatura infravalorada a todos los efectos profesionales y académicos, en el contexto de un campus, el de Leioa, totalmente politizado, y no con escasa, sino con nula presencia de profesorado en el departamento. «Perdón —dije—, ¿qué quiere decir con eso de nula presencia de profesorado en el departamento?». «Bueno —me dijo serenamente mi interlocutor—, estará solo en la Facultad de Periodismo. Con menos proyección profesional. Le resultará más complicado medrar en la carrera universitaria». Atentos al verbo *medrar*. Yo se lo había escuchado muchas veces a mi abuela Adela, y siempre me sonó mal, rancio, malintencionado. Medraba el cobarde, el traidor, el asesino, pero no la gente de bien. La gente normal no medraba, simplemente evolucionaba satisfactoriamente. Pero ahora, ese mismo verbo en boca de un profesor universitario que pretendía desanimarme me sonó a música celestial, a promesa redentora, a libertad, a felicidad absoluta. Ojiplático de nuevo. ¿Que iba a estar solo?, ¿que iba a ser mi propio jefe?, ¿que no tendría a ningún superior dándome la matraca?, ¿que podría determinar el contenido de la asignatura? Casi fibrilo. Noté cierta excitación, debí de ponerme incluso colorado. Evité como pude dar botes de alegría. Aquel ciudadano universitario no debía notar mi gozo interno.

¿Qué queréis que os diga? No tuve dudas. Ninguna. Me iba de cabeza al pozo. Al pozo universitario. O sea, al campus politizado, a la facultad desprestigiada, a la soledad departamental, a la falta de medra, a la ignominia si hubiera hecho falta. Yo quería tiempo y libertad para usarlo, y Periodismo me iba a garantizar ambas cosas. Así que dicté sentencia, elegí Derecho de la Publicidad, y vi cómo aquel hombre tragaba saliva sin dar crédito a lo que acababa de escuchar.

Acerté y me equivoqué, pero más lo primero. Me explico. Tuve que trabajar como nunca. No existía un libro de texto específico de la asignatura. Asignatura, por otra parte, que no se estudiaba ni de soslayo en la carrera de Derecho. Tuve que leer decenas de libros dispersos. Y construir un temario, y dotarlo de contenido congruente, y estudiármelo yo primero para poder explicarlo después. Fue duro, sí, pero igualmente bonito y muy formativo. Me quedé sin mucho tiempo para mí los primeros meses de trabajo, allá por el año 1987. En esto, pues, me había equivocado. Pero fui profesor diez años. Y en esos diez años sí tuve tiempo de fomentar y alimentar mi vocación. Conocí a Pedro Barea, crítico afamado de teatro, que era profesor de Radio en la facultad, y que me ofreció su apoyo para escribir y hacer teatro. Con él, fundé el Aula de Teatro de la Universidad, y con él y gracias a él, conocí a quien iba a convertirse en mi compañero del alma, de fatigas, de sinsabores y de ilusiones: Koldo Azkarreta, un tipo con un talento descomunal. Así estuve diez años, y *estuve,* porque para mí, como para el personaje de *El túnel,* de Ernesto Sábato (Juan Pablo Castel), la universidad se había convertido en un refugio en mitad de la tormenta. Hallaba paz de espíritu, tranquilidad laboral, un objetivo digno y bonito en la vida como es la enseñanza, un universo de alumnos que me enseñaron mucho más a mí que lo que yo pude enseñarles a ellos, un colectivo de profesores en el que me integré y formé un equipo, un Aula de Teatro donde pude volcar toda mi vocación, y un compañero de aventuras colosal, con el que comencé a andar el camino que me ha traído hasta aquí.

La universidad me convirtió en otra persona. Ganarse a unos alumnos —daba clases en quinto de carrera—, que querían dedicarse al mundo de la publicidad y que rechazaban abiertamente el mundo del Derecho, se convirtió en un reto de tal magnitud que hoy todavía es el día en que pienso que ponerme delante de ellos a explicarles lo más amenamente posible mi asignatura, y a exigirles cuentas después en el examen, me dio las tablas definitivas para subirme a un escenario y para colocarme delante de una cámara de televisión.

Nada, nunca, ha sido tan complicado como tener que ganarme a aquellos estudiantes. Y me los gané. Y los quise. Y los respeté. Incluso hoy los cito como mis maestros, los auténticos, los más exigentes. Me enseñaron y me hicieron feliz. Como buenos alumnos, trataban de putearme, claro que sí. Formaba parte del juego. Me tanteaban, me echaban pulsos esperando a ver mis reacciones. Solo actuando con respeto, con elegancia y, sobre todo, con mucho humor y siendo buen encajador, podías convertirte en uno de los suyos. Y así me sentí yo, uno de los suyos. Lo que no quitaba para que luego fuera un cabrón exigente, como lo había sido conmigo el Botijo, mi primer capitán. Faltaría más.

Recuerdo una ocasión, ya llevaría tres o cuatro años dando clases, así que tendría treinta o treinta y un años, en que al entrar en clase me di de narices con una botella que habían dejado en mi mesa. Estaba llena de un líquido amarillo.

Parecía pis, o sea, orina, sí. La miré. Cogí la botella, esbocé una sonrisa y comencé a andar entre las mesas por toda la clase. Se escuchaban cuchicheos. Había sonrisas pícaras en más de un rostro. Yo iba mirando la botella, y en especial el cuello de la botella, y clavaba de inmediato mi mirada en los ojos de los chicos. Me paraba frente a ellos. Los miraba, luego miraba la botella, parecía que estaba sopesando o barruntando algo. Después de mis paseos por el aula, me detuve y les dije: «Supongo que os estaréis preguntando qué estoy haciendo. Bueno, calculo que esta botella está llena de orina. Me estaba preguntando quién ha podido rellenarla, y he llegado a la conclusión, dada la estrechez del cuello de la botella, que ha tenido que ser un chico, y, además, un chico que la debe de tener pequeña». La carcajada fue brutal. Creo que es uno de los gags que mejor me han funcionado nunca. Entre otras cosas porque les sorprendí. Humor y sorpresa son hermanos de sangre. ¿Cómo iban ellos a imaginarse que un profesor de Derecho estuviera tratando de averiguar, por el tamaño de su pene, quién era el presunto responsable del fluido que contenía la botella? Que, desde luego, sería cualquier cosa menos orina. Desde aquel santo día, fuimos todos «uno de los nuestros».

Vaya que si me enseñaron. Una experiencia maravillosa, por eso estuve diez años dando clases. Los últimos tres compartiendo la enseñanza con la escritura profesional como guionista, con mis primeros pasos en Euskal Telebista, incluso con el rodaje de mi primera película, *Rigor mortis*. Pero recuerden, yo no quería ser profesor, no era esa mi vocación, y acabé por tomar mi camino y me marché de aquel estupendo universo. Por si no lo tenía claro, el destino se confabuló para recordármelo.

Una tarde de julio, estaba editando un programa del que era director para Euskal Telebista. Las salas de edición son como un búnker: ningún sonido, ninguna luz penetra en ellas. Allí permanecí horas. El resultado de la edición, espectacular, y espectacular fue la sorpresa que me llevé al salir de la sala. Salí tarde. El episodio era duro de roer, de esos que ni siquiera entiendes cómo has podido grabar. Habían sido horas largas y duras, en mitad de una desconexión total por falta de cobertura.

Salí tarde y, al dirigirme al coche, a plena luz de luna, saltaron decenas de mensajes en mi teléfono. Todos eran de la misma persona; el bedel de la Facultad de Periodismo de Leioa. Esto ya lo saben ustedes. Me apuré mucho. ¿Habría pasado algo? ¿Tal vez alguien habría entrado en mi despacho y robado algún enser? ¿Qué podía haber pasado? No sé por qué no pensé en positivo, la verdad, porque me podían estar llamando para darme el premio al profesor del año, o nombrarme doctor sin tesis, o algo así... Pero no. Escuché el primer mensaje que me había dejado, sobre las 17.00 de aquella tarde: «Hola, Carlos, ¿dónde estás?». Nada más. Vaya tontería, no parecía ser nada importante. Seguí pues escuchando varios mensajes. Todos venían a decir lo mismo; que dónde estaba, que si me encontraba bien, que si me había pasado algo... Yo no entendía nada. Me parecía raro todo. Una marcianada espacial. ¿A qué venía aquella preocupación? ¿Por qué le interesaba al bedel de mi facultad dónde me encontraba, que hacía, cómo estaba? Nunca antes me había preguntado por mi estado de ánimo o de salud. Todo era muy raro. Así que seguí escuchando con parsimonia los mensajes del bedel. No recuerdo si fue el mensaje octavo, el décimo o el decimosexto, pero sí recuerdo que al fin llegué al mensaje que aclaraba el entuerto a la perfección. En ese mensaje, el bedel decía alto y claro: «Hola, Carlos, son las seis de la tarde. Tenías un examen con tus alumnos a las cuatro. No te presentaste. Hemos estado intentando localizarte hasta ahora mismo, pero no hemos conseguido dar contigo. Los alumnos, unos cincuenta, han estado esperando en el aula hasta hace diez minutos, en que se han reunido y han tomado la decisión de marcharse a casa. Ya nos contarás qué hacemos. Bueno, ya mañana si eso, porque en seguida nos iremos todos a casa. Buenas noches. Espero que estés bien».

¡La madre que me parió, y el cura que me puso la sal! Me había olvidado de ir al examen. Normalmente son los alumnos los que no se presentan, no el profesor. Estaba haciendo historia, casi una revolución en la universidad. ¿Y si ahora ponía de moda esta particular forma de entender el mundo del examen universitario? Menudo lío espantoso. Cómo resolví aquello es algo que no pienso contar. No en este libro al menos. Tengo que mantener su interés y también el de la editorial para una segunda entrega (vuelvo a amenazarles…). Pero semejante olvido imperdonable fue un toque de atención serio para mi conciencia. Si quería ser profesor, tenía que prestar atención a mis alumnos. Trabajar para ellos. No estaba bien que me aprovechara de la universidad para ganar tiempo y dinero. No lo estaba, si no correspondía poniendo todo mi talento y el mayor tiempo posible a disposición de los estudiantes. Ellos confiaban en mí. Tenían su lucha personal e intransferible para abrirse paso en la vida, y la formación que recibían, y de la que yo era responsable, resultaba fundamental para conseguirlo. Yo tenía la obligación no solo jurídica, sino ética, de tomarme en serio la docencia. Y lo hice. Me lo tomé en serio. En definitiva, que sí, que había llegado el momento de salir del refugio en mitad de la tormenta y empezar a mojarse.

Y vaya si me mojé. Hasta el tuétano.

6

QUIEN TIENE UN AMIGO TIENE UN TESORO

«De todas las posesiones
la amistad es la más valiosa».

HERODOTO

Este capítulo en verdad comienza unos años antes, en 1992. Ese año, la Viceconsejería de Cultura de la Universidad del País Vasco aprueba, dentro de las actividades del Aula de Teatro, un presupuesto para levantar una función que se llamaría *Tres en raya,* y que había escrito Koldo Azkarreta en coproducción con el Teatro Barakaldo, dependiente del ilustre ayuntamiento de mi pueblo. La obra de Azkarreta había sido leída en un premio al que se había presentado y del que Pedro Barea era jurado. Así es el mundo a veces: fácil de explicar.

Gracias a esto, conocí a Koldo y empezamos a trabajar juntos. Nos entendimos muy bien desde el principio. Tenía un humor socarrón y una vitalidad extraordinaria. Nos hicimos cómplices. Compartíamos nuestro tiempo, nuestras ilusiones, nuestros trabajos; todo. Fuimos durante años inseparables. En 1994, conseguimos estrenar la función, y con éxito, en la escena baracaldesa. Todo un teatro, moderno, bien dotado, y con un escenario y un patio de butacas imponente. Pedazos de espectáculos los que pasaban por allí, de los que hacen afición. Grandes compañías nacionales e internacionales en la margen izquierda de la ría de Bilbao, y en medio de todas ellas, unos universitarios hacían sus pinitos y colocaban una pica en Flandes. Cosa harto difícil, a juzgar por el carácter endemoniado de los flamencos y protestantes. Claro, de ahí debe de venir la expresión «no te pongas flamenco». Cosas de que nos hubieran gobernado los Austrias.

A lo que voy. En el Teatro Barakaldo trabajaba como director artístico Manu Pagola. Un tipo con verdadera sensibilidad artística. Un dandi en todos los sentidos, y todos buenos. Y, por encima de cualquier otra consideración, un hombre de cultura que creyó firmemente en el talento de Azkarreta como autor y director, y en el mío como actor. Nos motivó a trabajar, a confiar en nosotros, a no perder la fe. Nos dio consejos durante los ensayos, y nos ayudó a promocionar y a resaltar el trabajo de nuestros estudiantes actores y el nuestro propio. Ante aquella discusión entre Azkarreta y yo sobre qué cartel de la función elegir e imprimir, había dos en danza, siempre recordaré su sentencia: «Lo mejor es enemigo de lo bueno». Se acabó la discusión y se zanjaron las dudas. El primer cartel salió adelante.

Manu Pagola, que acabó abandonando su puesto de director artístico del teatro, por no ser ni entendido ni respetado por el gerente del mismo, era amigo del alma de Koldo Anasagasti, un hombre de la cultura vasca que había sido director de Euskal Telebista y director del Festival Internacional de Cine de San Sebastián, dos puestos de alta responsabilidad que le habían otorgado un indiscutible prestigio. Pues bien, se conjuraron los tiempos, y justo en aquel instante en que éramos más que conocidos de Manu Pagola, Anasagasti acababa de reciclarse como empresario audiovisual y empezaba con ahínco su andadura en busca de jóvenes promesas y de talentos narrativos y artísticos en general.

Allí estábamos nosotros, que ya habíamos pasado la barrera de los treinta y habíamos dejado de ser jóvenes, y que teníamos talentos no contrastados, al menos en profundidad, por la industria al uso. A Manu Pagola esto no le importó y nos lo presentó. Hizo de mecenas más que de intermediario, y nos plantó delante de aquel tipo vivaracho, sonriente, con mirada sagaz, y de actitud siempre alegre, que se parecía físicamente mucho a su hermano, el conocido político Iñaki Anasagasti, que alcanzaría la gloria con el apodo de «Amasacaspi» por su peculiar manera de peinar los cuatro pelos que le quedaban para tapar su extensa calvicie. Koldo no; Koldo la llevaba dignamente. Anasagasti digo, porque Azkarreta tenía un pelo envidiable. Yo, que me veía calvo en poco tiempo, me venía arriba en la comparación, con Anasagasti, claro. Pero siempre lo traté con mucho respeto. Como a todos los calvos en general. Ni una sola broma al respecto. Al fin y al cabo, Yul Brynner y Sean Connery eran calvos y estaban entre mis actores favoritos. Este pensamiento funcionaba como consuelo cada vez que un pelo de mi cabeza se depositaba sobre mi hombro.

Conocer a Koldo Anasagasti fue impresionante. Primero, por su currículum impactante; después, por lo que eso significaba, y, para acabar, porque tenía la oficina ubicada delante de un espacio junto a la ría donde se estaba construyendo el Museo Guggenheim. Poco después pude ver a Pierce Brosnan, el agente 007 de la época, lanzándose al vacío desde un edificio colindante, también frente al museo. Bueno, él no se lanzó. Lo hizo un doble. Él estaba apoyado contra la pared del edificio donde precisamente tenía Anasagasti su oficina. Qué emoción.

No sé por qué digo esto. Yo estaba allí el día que se rodó esa secuencia, pero no vi al señor Brosnan; de hecho, nadie lo vio. Estaba perfectamente camuflado entre todos los viandantes que se agolpaban frente a la ventana por donde debía tirarse el actor irlandés, ignorantes por completo de que el agente Bond, James Bond, estaba tras ellos mirando exactamente la misma ventana. Nos enteramos todos al día siguiente al leer las portadas de los periódicos, que publicaron la foto del relajado espía a escasos metros del portal de las oficinas en las que yo trabajaba ya a diario. Así es el cine, falso como las monedas de Judas. Reflexión: ¿eran falsas las monedas o era falso Judas? Siempre he estado confuso a este respecto.

Volvamos a nuestro encuentro con Mr. Anasagasti. Le caímos bien y nos dio la oportunidad de mostrarle nuestros trabajos. No le interesó ninguno. La primera, pues, en la frente de nuevo. Eso sí, mantuvimos una didáctica reunión en la que nos dijo qué estaba buscando como productor, qué entendía él que podía venderse con más facilidad y por dónde debían ir nuestros esfuerzos. Comenzamos a escribir lo que nos pidió: concursos. Ya ven, de guionista empecé con el género que con el tiempo habría de hacerme famoso.

A Mr. Anasagasti le gustó lo que le presentamos después, y en una de esas decidió ofrecernos ser los guionistas de un programa que había conseguido colocar en ETB, que se iba a llamar *Boulevard,* donde se entrevistaría a estrellas de talla internacional, y que sería presentado por la incipiente estrella de la televisión vasca, Anne Igartiburu.

La oportunidad la pintan calva... Sin segundas, ¿eh? Nos pusimos manos a la obra. Anne resultó ser una chica espectacular, con ganas de triunfar, pero humilde y con una actitud fresca. Normal, era joven y aún sin contaminar. Aunque después ha continuado siendo bastante fresca, y maja, que decimos por Bilbao, y eso que se hizo todas las Campanadas del mundo. Esto debe de trastornar, algo al menos, digo yo, que he hecho siete ediciones en tres cadenas distintas y presumo de estar bien de la perola.

El programa fue una experiencia maravillosa. Por allí pasaron estrellas internacionales de gran relieve a las que podíamos ver de cerca, incluso tocar, en un ejercicio de fetichismo sin igual. Por allí pasó el gran Peter O'Toole, o la gran Catherine Deneuve. Bueno, también pasó la madre de Sylvester Stallone. No estaba mal tampoco, no crean. Yo la miraba y pensaba: «La mujer que más veces le habrá puesto los calzoncillos limpios a Rocky Balboa». Sylvester estaba de moda y era impagable.

Pero si resultó maravillosa la experiencia de ser guionistas de *Boulevard,* sin duda alguna fue porque el programa se emitía por el primer canal de ETB, es decir, por su canal en euskera, hablado totalmente en euskera, y con entrevistas realizadas en euskera por Anne Igartiburu, que lo habla a la perfección. El problema era que ni Koldo Azkarreta ni yo hablamos una sola palabra de euskera. Ni una. Y claro, éramos los guionistas. Nuestra obligación era seguir el desarrollo de las entrevistas y de la escaleta, en general, del programa. Éramos responsables de que se hicieran todas las preguntas, o al menos las más importantes si es que el tiempo no daba para más, pero, claro, como no entendíamos nada de lo que decían, pues no nos enterábamos de nada. No teníamos ni pajolera idea de qué habían hablado, qué preguntas se habían hecho y cuáles no, y qué habían respondido las estrellas invitadas. Nada de nada. Yo no he vuelto a vivir una situación más absurda y surrealista que aquella. Y tuvimos suerte, porque lo lógico es que nos hubieran echado a la puñetera calle. Pero estaba claro que Koldo Azkarreta y yo teníamos la suerte de los benditos. Y si no me creen, atentos a lo que les voy a contar ahora.

Yo personalmente, Carlos Sobera, estuve a punto de acabar con la vida de la diva francesa Catherine Deneuve, ¡lo confieso! Y tampoco me echaron. Incomprensible. Todo ocurrió en la grabación del programa, que no era en directo porque hacía falta edición posterior para ajustarlo en tiempos y contenido. Yo tenía muchas ganas de tocar estrella (la francesa era una de mis musas favoritas), y más ganas aún de tocar pantalla. De salir en antena, vamos. Así que Koldo y yo hicimos un guion en el que la parisina era recibida a pie de avión, después trasladada en limusina hasta la puerta de los estudios Miramón de Donosti y, por último, conducida o colgada del brazo de un apuesto y seductor varón vasco (o sea, yo) desde la puerta de los estudios hasta el plató donde habría de producirse la entrevista. Catherine (la llamo yo, en confianza) aceptó la idea.

Yo me había puesto un esmoquin perfecto, aunque la pajarita no me llegaba al cuello de los nervios que tenía. Los pasillos de Miramón eran larguísimos, casi eternos. La steadicam (la cámara estable, la que no se mueve, en castellano) iba delante de nosotros recogiendo nuestro majestuoso desfile entre *flashes* y admiradores, de ella, no míos. La gloria con mayúsculas al alcance de mi mano, pasito a pasito, despacio, despacito, con parsimonia, delicadamente, con la Deneuve a mi lado, con su belleza, su galanura, su brillante perfil, su digna mirada, su pose elegante, su aura de diva absoluta del cine francés, qué digo, del cine universal, la que había trabajado con Buñuel, con Truffaut, con Delon, con Belmondo, con Fernando Rey... Y un pasito tras otro, y yo sosteniéndola, y ella sin mirarme de frente, pero controlándome de reojo, y otro pasito hacia la puerta del plató, y otro pasito más, y los dos con la mirada altiva, mirando hacia arriba, y otro paso más, y entonces… nadie vio, yo no vi, ella no vio, nosotros no vimos, ellos no vieron el escalón alto, altísimo, de la puerta de acceso, con una Anne Igartiburu que destacaba delante, a escasos diez metros, de pie, aplaudiendo, como todo el público del plató, la llegada de la estrella. Y otro pasito más, el último ya, ¡el último!, y *oh, mon Dieu!*, tropezón, pero tropezón como yo no había visto nunca ni volvería a ver jamás. Y la francesa, con todo el imperio francés detrás, incluida la antigua Indochina, al suelo, al puto suelo de mierda, sucio y maloliente, de aquella entrada al plató.

Se congeló el mundo. Se mudó el rostro de Igartiburu. El cámara de la steadicam se quedó perplejo. Yo quise morirme. Pero la congelación duró poco. En seguida, como una leona herida, como una osa reventada, se levantó la francesa y abrió la boca. Su supuestamente dulce y sexi boca. Nunca había oído tantas palabrotas en francés ni visto tanta ira en una mirada como en la boca y los ojos de la dama francesa. Me taladró con su mirada, creo que me insultó, y sentí un rayo, una tormenta de rayos atravesándome, matándome, repudiándome. Se dio la vuelta, me dejó abandonado en la puerta y se dirigió hacia la estrella, hacia Anne, que hablaba francés también a la perfección, la muy ingrata, y que trató de consolarla.

¿Acabó ahí mi idilio con las cámaras? No, pero sí con Catherine. De hecho, a partir de ese momento siguió haciendo cine sin compartir un solo plano conmigo. Y lo que es peor, siguió haciendo su vida sin contar conmigo para nada. En fin, no será el único idilio que se haya terminado antes de empezar. Pero bueno, tampoco me echaron. Sobreviví, amigos. Prueba de que el Señor (que cada cual elija el suyo) estaba con nosotros y con nuestro espíritu. Koldo Anasagasti (que también era un Señor) siguió confiando en nosotros como guionistas. Y razón no le faltaba, porque, a pesar de todo, habíamos escrito un concurso llamado *Los jueves, mudanza,* que fue adquirido por TVG y dirigido por Antón Reixa (a quien años después conocí en el rodaje de *El lápiz del carpintero),* y que le reportó sus buenos beneficios. Y también le habíamos ofrecido otros formatos de diversos géneros que a punto estuvieron de venderse, incluso a mercados internacionales. En el mundo de la televisión, casi todo está siempre a punto de venderse, pero pocas veces se vende, y casi siempre son los mismos los que venden. Pero, eso sí, nunca se pierde la ilusión, y todos se hipotecan, por si se vende.

En un ambiente de mutua confianza creciente, llegaría mi primera oportunidad para colocarme delante de una cámara. Antes, Anasagasti había filmado un *casting* de presentadores para llevarlo a ETB. Aquella era una ocasión propicia para mí. No podía trabajar como actor porque no hablaba euskera, como creo que ya ha quedado claro, y en ETB, por razones de política lingüística, solo se rodaba ficción en euskera. Pero no existía esta limitación en el campo del entretenimiento, de ahí que participara en el *casting.* Koldo presentó mi vídeo, y la directiva de ETB dio el visto bueno a que pudiera ponerme, careciendo de experiencia, al frente de un programa de televisión. El programa se llamaría *Ciudadanos* y se emitió en *prime time*. Máxima audiencia, máxima responsabilidad. Y en directo, para más inri. El tipo que casi mata a Catherine iba a tener una oportunidad televisiva. Ahí es nada. Estábamos en diciembre de 1995. El 21 de diciembre, para ser exactos. Yo acababa de llegar de Japón, donde había asistido a la boda sintoísta de mi cuñado con su novia japonesa. De ahí lo de casarse en Japón. Tenía su lógica.

Allí empezó, en Miramón, no en Japón, mi carrera como presentador televisivo. Tenía treinta y cinco años, mucha ilusión, y aún me quedaba mucho pelo castaño y tenía poco pelo blanco. Pronto cambiarían las tornas.

7

REDUCIDO A CENIZAS

> «El éxito y el fracaso no son hechos,
> sino sensaciones».
>
> FERNANDO FERNÁN GÓMEZ

Ciudadanos significó mucho en mi carrera profesional. Era un *infoshow,* algo que yo desconocía por completo qué significaba, en directo y en *prime time.* Hacerlo bien marcaría la diferencia. Hacerlo bien así, en el debut, era como que un futbolista debutante en primera división meta un gol en la primera jugada de peligro; o sea, la constatación de tener un futuro para muchos años. Como me diría Tony Cruz muchos años después, cuando me contrató en Antena 3 para presentar *Atrapa un millón,* que se grabaría con Gestmusic en Barcelona: «Vamos, que estamos buscando presentador para los próximos años». Una forma como otra cualquiera de meterme presión. Esto pasa mucho cuando la productora o los ejecutivos del canal, o todos a la vez, creen tener el «cojoformato». En estos casos, la diferencia entre el triunfo y el fracaso la marca el conductor del programa. Dicho de otra manera: si el programa es un fracaso, es porque tú la has cagado.

Con *Ciudadanos,* triunfar significaba futuro, fracasar era la muerte en vida. Mucha presión, la verdad. Yo sabía que no habría teleprompter en plató, y que solo recibiría ayuda a través del pinganillo en el directo, pero básicamente si pasaba algo. En lo demás, plena confianza en mi capacidad para gestionar el programa durante cerca de cuatro horas. Casi nada, y sin experiencia alguna. Yo, además, no era periodista ni tenía afán por saber y preguntar, ni siquiera una mínima curiosidad por los temas allí planteados. Pero sabía lo que me jugaba y quería hacerlo bien. Me pasé toda la noche anterior al estreno estudiando el perfil de los personajes, los temas centrales del programa, las principales preguntas, y por supuesto los textos de presentación o de paso a vídeo.

Aprendí que cuanta más seguridad tienes en el momento de actuar o de presentar, mejor te sale. Y que la seguridad se adquiere a través del conocimiento. Cuando sabes de qué va, puedes jugar a tu antojo; cuando no sabes nada, te sientes como un pulpo en un garaje. Estás perdido, literalmente, es como conducir un taxi y no saber qué dirección tomar para llegar a destino. Sencillamente no llegarás a ningún sitio. Te perderás. Y dejarás de ser interesante para los demás. Qué importante es trabajar y trabajar y trabajar para conseguir seguridad y alcanzar la casi perfección. La perfección absoluta no se consigue jamás. Mejor saberlo desde el principio. Salvo que seas de Bilbao, como yo.

¡Ojo! Estudié también a la mañana siguiente, y ensayé conmigo mismo como si estuviera ya en el directo y dirigiéndome al público. Mi mujer pensaba que había enloquecido; mis perros, también. De hecho, aullaban. Mis perros, por supuesto. Por fortuna, contaba con un equipo de dirección y guion muy profesional, con el que congenié a la perfección, que me permitió leer los códigos televisivos con acierto. Sus consejos aliviaron mi tensión y me dieron una mayor seguridad. De ahí que también ensayara con más ahínco: no quería decepcionar a Blanca Baena y a Fidel Nogal, que estaban al frente del programa.

Cuando llegó la hora de entrar en plató, estaba ya agotado. Tenía sueño y bostezaba. La gente pensaba que eran nervios. Qué va, era cansancio. Los nervios, en mi caso, se mostraban de otra manera. Con movimientos intestinales al ritmo de Chuck Berry. Con sudor también. Como estaba sopa, antes de entrar en directo, metí la cara debajo del grifo del baño más cercano, y apenas me sequé para que permanecieran los rastros del frío. Estábamos en diciembre, se acuerdan, ¿no?

Entré. Entonces escuché la siempre inquietante voz de los regidores: «Treinta segundos para entrar. Silencio». Joder, habría salido corriendo de allí. No me acordaba ni del nombre del programa. ¿Qué hora era? ¿Me tocaba decir buenas noches o buenas tardes? Ah, no, coño, que estábamos en Euskadi: *¡Arratxa andion,* la hostia! Y el regidor dijo: «Cinco, cuatro, tres, dos, uno…», y bajó la mano, y vi que se encendía una luz roja en la cámara que estaba frente a mí, el famoso tally. Mi mujer, la actual, o sea, Patricia, dice que cuando no estoy en plató, si alguien quiere que lo escuche, o que sea un buen interlocutor, hay que encenderme el tally. Quizá tenga razón. La verdad es que los que hablamos mucho en público gustamos de estar callados en privado. Por eso algunos piensan que somos setas. No, no lo somos, pero es verdad que a veces nos apetece reposar mentalmente.

Aquella noche del 21 de diciembre de 1995 empecé a hablar como un descosido según se encendió el tally. Y no paré en cuatro horas. El programa fue un éxito. Salí muy bien parado, y al día siguiente todo el mundo tenía claro en ETB que había nacido una estrella. No, tranquilos, tampoco fue para tanto, y, desde luego, a mí no se me subió a la cabeza. Estaba tan preocupado con seguir haciéndolo bien que me concentré a tope en mi trabajo. Además, estábamos preproduciendo ya el largometraje *Rigor mortis,* que empezaríamos a rodar en el mes de julio del año siguiente, rodeados de facturas impagables, financiaciones imposibles y problemas irresolubles. No había tiempo para pavonearse por el supuesto éxito. Además, en aquellos años no existían las redes sociales, con lo que el ascenso o la defenestración de los profesionales no era tan rápida como ahora. De hecho, te aupaban o no dentro de los despachos. Y a las varias semanas. Ahora las redes se encienden y te llevan al éxtasis o al suicidio en minutos. Las carreras antes podían ser largas o fulgurantes. Ahora fulgurantes son los decesos laborales. En cuestión de nada caes en desgracia y te hacen tantos trajes que ya no tienes que preocuparte de comprar más ropa en tu vida.

En definitiva, que había triunfado, pero que las sensaciones de triunfo iban a su ritmo, despacito, y, por lo tanto, como diluyéndose con el paso del tiempo. Casi te entraban ganas de preguntarte: «Oye, ¿pero no nos había ido de puta madre en el estreno?». Pero todo llega. Los directivos estaban tan encantados conmigo que en seguida hablaron con Anasagasti, no Amasacaspi, y le propusieron un *late night* para las noches de la cadena. Obviamente, nos lo pidió a Koldo y a mí. Además, querían que yo fuera el presentador. Lo codirigiríamos los dos. No pudo ser esto último porque Koldo era el director de *Rigor mortis,* y tenía no solo que acabar el rodaje, sino que sacar adelante la posproducción. Queríamos, además, que la película se estrenara en el Festival de San Sebastián de aquel mismo año. No tenía, pues, tiempo material. Lo escribimos juntos, eso sí. Y lo disfrutamos a tope.

Llegó el mes de septiembre y ya estaba casi todo preparado para el estreno. Había mucha confianza en el producto. Después de todo, Pepe Navarro había triunfado con *Esta noche cruzamos el Mississippi* en Telecinco, y se confiaba en el género, y obviamente en mí también. Después del éxito de mi primer programa, parecía haber razones para seguir triunfando. Yo, sin embargo, estaba cagado. Pensaba en todo lo malo. En las comparaciones que se harían entre Pepe y yo, en el frente a frente de audiencias entre Telecinco y ETB, en los contenidos de ambos programas, con el riesgo de quedarnos demasiado cortos o de pasarnos de largo… En todo. Pero pronto dejé de sufrir. He aquí otra enseñanza que adquirí en aquellas fechas: se sufre cuando hay incertidumbre. Cuando no estás seguro de triunfar o fracasar. Cuando todo es posible. Pero cuando estás completamente seguro, y yo lo estaba, de tu fracaso, no se sufre, ni se pasa miedo. Simplemente hay dolor. Dolor y resignación. Porque a veces no hay nada que puedas hacer. Como cuando el comandante en la Primera Guerra Mundial te mandaba salir de la trinchera a marchar contra el enemigo, sabedor de tu más que certera muerte, y, a pesar de ello, como no podías negarte porque te fusilaban, tú salías y te ponías a correr como un endemoniado y gritando como un loco, y te mataban, y chimpún. Pues así. Madre mía, lo he contado de una forma que parece que estuve en los campos de Gallipoli.

Así me sentía yo cuando, faltando quince días para el estreno del *late,* que iría a partir de la una de la madrugada, me llamó Peio Sarasola, director de contenidos de la casa (me encanta esta expresión de «la casa» para referirse a un canal de televisión), y me dijo que lo habían estado valorando y que era más estratégica la tarde que la noche, y que el programa iría en las sobremesas de la casa, que yo sospeché de inmediato que pronto dejaría de ser «mi casa». Argumenté lo que pude, pero no me sirvió de nada. Así que, ante lo inevitable, me puse a pensar, con mi compañera en las labores de presentación, Alicia San Juan, en un título que resultara atractivo para la audiencia. Fue a Alicia a quien se le ocurrió que lo llamáramos *Arde la tarde.* Y en septiembre de 1996, diez meses después de mi estreno como presentador, y tres meses después de la emisión del último programa de *Ciuda-danos,* comenzó *Arde la tarde.*

Y ardió, vaya que si ardió. Parecía que nos hubieran rociado gasolina a todos por encima. Fue lo que puede describirse mayormente como un fracaso, un rotundo, explicable e inapelable fracaso. Normal, las tardes se dirigen a un público que nada tiene que ver con el de la madrugada. Los contenidos de la tarde se quedan en nada por la noche, y los de la noche se tornan ásperos, duros e inadmisibles para la sensibilidad vespertina. Habíamos creado un héroe ficticio (Superhumano, lo bautizamos), que habría tenido su gracia entre la gente joven de medianoche, y que espantaba a todas y a todos por la tarde. De hecho, tuvimos que prescindir de Superhumano a la tercera semana de emisión. Chirriaba. Pero nosotros teníamos vocación y ganas de hacerlo bien, así que nos adaptamos a la crisis, movimos ficha, nos dulcificamos, hicimos un programa más a la medida del nuevo horario, pero… ¡cuando el público toma una decisión, la toma!, y ya es muy complicado hacerle cambiar de opinión.

No recuerdo cuántas semanas más duramos, pero se acabó antes de tiempo. No perduramos en las ondas, y sospecho que tampoco en la memoria de los espectadores. Lo que no era malo, porque, de lo contrario, igual no nos habrían dejado volver a trabajar nunca. Mejor que nos hubieran olvidado. Lo más memorable, de hecho, fueron los titulares de prensa del día después. De entre ellos me quedo con uno de *El Correo* que decía: «Arde la tarde. Reducidos a cenizas». Un titular brillante, escueto, contundente. Aplastante incluso. Era una estupenda forma de recordar la incineración de los difuntos (moda que odio, yo quiero que me entierren al modo tradicional, caray), y, como tarde difunta, habían incinerado el programa y a los que íbamos con él. Y, claro, no solo necesitábamos incineración, sino también lápida y epitafio. Gracias, cabrones.

Ya había conocido el fracaso. Íntimamente, diría yo. Nos habíamos dado un abrazo espectacular, de esos que unen. Pero ¿para toda la vida? Porque, claro, cuando algo sale mal, todavía puede salir peor, y cuando enganchas un fallo tras otro, te puedes quedar arrasado, en nada. ¿Duraría aquel fracaso toda la vida? ¿Se acabó la ilusión de ser actor? Bueno, recordé las palabras de Fernando Fernán Gómez sobre que los éxitos no son eternos, pero los fracasos tampoco.

Y es así. Todo pasa. De todo se olvida la gente. De hecho, hasta se olvidan de tus éxitos. Por eso dicen que no se puede vivir de las rentas. Pero esto, lejos de enfadarnos, debe alegrarnos, porque nos permite viajar por la vida con menor responsabilidad. Sabedores de que hay que relativizar todo, sufriendo menos y disfrutando más.

A mí, desde luego, conocer el sinsabor del fracaso de audiencia del programa tan pronto en mi carrera me vino bien porque me hizo más sabio. Ya conocía las dos caras de la moneda, y sabía lo rápido que gira cuando la lanzas al aire. Esto te aporta prudencia y grandes dosis de humildad. Dos características que me parecen básicas para quien aspire a integrarse en este mundo artístico. Todo el mundo no está pendiente de lo que hacemos. A todo el mundo no le gusta lo que hacemos, pero tampoco a todo el mundo le disgusta. No somos más listos por hacer bien las cosas, ni hacerlas bien nos asegura que sigamos haciéndolas. Y hacer algo mal no implica perder la capacidad de aprender y de mejorar para hacer bien las cosas, o, al menos, mejor que la última vez. ¿Qué es lo que importa? Hacer cosas, seguir, avanzar, y disfrutar del proceso. Porque les digo una cosa: en eso precisamente consiste el éxito (por eso, en las líneas de arriba hablo de fracaso de audiencias), en seguir haciendo aquello que te gusta. Hasta el fin. Hasta siempre. Lo demás son pequeñas batallas. Unas se pierden, otras se ganan. Pero el éxito consiste en resistir, en no irse nunca del campo de batalla. En caminar permanentemente. En ese camino, en ese proceso, es donde se puede encontrar la felicidad. ¿No era Mao Zedong quien decía algo así como que derrota tras derrota hasta conseguir la victoria? Bueno, también se la atribuyen a Churchill, y a Rosa Luxemburgo, y a... Pues eso, que la frase es buena: no rendirse nunca, y seguir siempre intentando conseguir tu sueño, y soñando sin parar.

8

El sonido del silencio

> «Hay silencios de todos los tipos
> y transpiran distintos significados»
>
> Charlotte Brontë

Habrán oído decir en más de una ocasión que el mayor miedo de actores y actrices (aparte de a quedarse en blanco en una función de teatro) es que el teléfono no suene. Antaño, el de casa; hoy, el móvil que nos acompaña. Antes, si salías o estabas alejado del teléfono móvil, sufrías. A cada instante llamabas a tu casa: «¿Ha llamado alguien, mamá?». «No, cariño —te respondía paciente—, ya te he dicho hace diez minutos que el teléfono no ha sonado en toda la tarde». Ahora te pasas el tiempo sacando el móvil del bolsillo compulsivamente para comprobar si has recibido una llamada o un mensaje. No sé muy bien qué es peor. En todo caso, en la prehistoria de la comunicación o en el modernismo actual, la ausencia de la llamada, la falta del timbre o del tono, trasmite la misma realidad: un escaso interés en contratarte.

Cuando interesas, te buscan y casi siempre te encuentran, pero cuando dejas de interesar, nadie se toma la molestia de llamarte. El teléfono deja de sonar. A tu alrededor, sutil e irremediable, crece el silencio. Ese silencio que tantas veces buscas a posta para encontrarte contigo mismo, para reflexionar, para respirar sin más; ese silencio amigo se convierte en una bestia que te mira con desprecio y despoja de sentido tu existencia. Ese silencio todo se lo come, todo lo devora, y en última instancia devora tu moral, tu autoestima, tu esperanza. Cuando esto ocurre, los profesionales no tenemos ni un solo pensamiento sano. Todas las ideas que ocupan nuestra cabeza son destructivas, demoledoras. No se te ocurre pensar que aún estén sopesando la conveniencia de tu presencia, o que se estén debatiendo entre otro profesional y tú, lo que te colocaría en un muy buen nivel, y mucho menos piensas que quien quiere contratarte se haya quedado sin cobertura. No, tu idea básica es que estás acabado. Tus días de bonanza se van a tornar en horror y sufrimiento. Nadie te quiere. No sirves para nada. Cualquier otro es cien, mil veces mejor que tú.

Estás tan indefenso cuando esto pasa… No sabes qué hacer, cómo comportarte, como aislarte. Son, en verdad, días negros en tu vida. Si el tiempo en que te encuentras así se prolonga en exceso, puede producir problemas más serios que quizá necesiten de ayuda externa. En estos días de escri-

tura, ha saltado a la primera página la situación comprometi-
da de un buen comediante como David Muro, que se encuentra sin dinero y, aún peor, sin ayuda. Yo me he
encontrado dos veces en mi carrera en esa situación. La primera tuvo lugar justo después de la cancelación de *Arde la
tarde;* la segunda, después de la fallida serie *Quítate tú para
ponerme yo,* que dirigían Félix Sabroso y Dunia Ayaso. En
ambos casos, la zozobra se prolongó unos meses. A mí me
pareció una eternidad, pero mirando atrás comprendo que,
en realidad, fueron dos escasos momentos de nada en una
longeva trayectoria.

De todas maneras, en el otoño 1996, ardida la tarde, y
hasta casi la madrugada, sufrí la ansiedad de quien ve impotente que el sueño de su vida se le escapa entre los dedos. Yo
seguía dando clases en Periodismo, pero eso no me consola-
ba. Seguía escribiendo obras de teatro, pensando en programas y hasta en películas, pero me sentía fuera de la rueda,
apartado, desmoralizado, hundido. Perdí alegría y la confianza en mis posibilidades. Creo que mi situación incluso acabó
afectando a mi matrimonio.

Volví a pensar en irme a Madrid a pecho descubierto,
pero como no tenía demasiado pelo (en el pecho, eh), decidí
que, para evitar resfriados, mejor quedarme en casa. Y aquí,
como siempre por otra parte en nuestra profesión, tuve un
golpe de suerte.

Me enteré a través de Koldo Anasagasti que la empresa
K2000 había conseguido colocar, esto es argot, un programa
de informática en Radio Televisión Española. La idea sonaba

bien porque la revolución tecnológica estaba dando sus primeros pasos. Hacer un programa sobre ordenadores parecía tener todo el sentido del mundo. Yo pensé que se me abría un horizonte nuevo. Venía de un fracaso rotundo, pero en el universo de la televisión vasca. Hablábamos ahora de una cadena nacional. En aquellos momentos la principal, con una historia contundente y un marchamo de exposición universal. ¿Por qué no intentarlo?

K2000 había convocado un *casting* para seleccionar a los presentadores del formato, una chica y un chico: la parejita de marras. Esa en la que yo casi nunca he creído. Solo había un problema. Como el programa se dirigía a un público joven, buscaban presentadores jóvenes, y yo ya no lo era tanto: tenía treinta y seis años. Sin canas, eso sí. Joven, lo que se dice joven no era; sin embargo, decidí presentarme al *casting*.

Hay que hacerlo. Siempre. Muchos no quieren pasar por un proceso de selección, les parece denigrante. Yo, que soy superorgulloso y tengo una alta concepción de mí mismo, creo que acudir a un *casting* no solo no es humillante, sino gratificante. Es tu primer contacto con otros profesionales que pueden contratarte. Es una posibilidad de enamorar artísticamente a quien aún no te conoce, o te conoce poco, o te conoce sesgadamente, de manera limitada. Acudir a un *casting* es presentarte como persona y como producto, por eso es siempre muy conveniente. La entrevista de trabajo en otras profesiones en la nuestra es el *casting*. Yo me presenté. No era el primero, y tampoco sería el último.

Cuando llegué a la dirección en que me habían convocado, me di cuenta de que la media de edad no superaba los veinticinco años. Todos me miraron con recelo. No por ser mayor, no. Es que me conocían de mi paso por ETB. Muchos de ellos debieron de pensar que, precisamente por eso, no iban a tener muchas posibilidades de ser seleccionados. No sabían que yo me sentía igual de vulnerable. También pensaba en mis escasas posibilidades porque no era tan joven. En el fragor de la batalla, todos pensamos en nuestras debilidades y las magnificamos hasta límites insospechados. He aquí otra cosa que debemos aprender: a no subestimarnos, a no ir contra nosotros mismos, a no perder la fe en nuestro talento, en nuestras posibilidades, en la suerte o en el destino. Nunca hay que ponerse en lo peor. Simplemente hay que ser natural, dejarse llevar, hacer lo que te piden, dar lo mejor de ti mismo, y confiar. CONFIAR, con mayúsculas.

El *casting* duró unos cuantos días, y otros cuantos estuvieron pensando qué hacer, y cuando lo decidieron, debieron de estar otros cuantos días esperando a encontrarse con los responsables de la cadena pública; y cuando se reunieron, debieron de estar otros cuantos más esperando respuesta de los directivos, y así hasta el infinito y más allá. Porque infinito me pareció el tiempo que trascurrió desde mi *casting*, y en el más allá me encontraba yo, por ausente e introvertido, desde el día después al *casting*. Ya no recuerdo el tiempo real que trascurrió, pero sí sé que el día que me llamaron para decirme que había sido seleccionado para presentar *PC adictos,* en el segundo canal de Televisión Española, me sentí como el torero a quien confirman, por fin, la alternativa, y en plaza importante, además. Ya solo quedaba pedir que me fuera como a Espartaco (el torero, no el gladiador) y no como a Padilla, que casi iba a órgano perdido por cornada.

El programa comenzó a emitirse allá por el mes de abril de 1997. No fue un pelotazo. Tampoco estaba llamado a serlo. Pero cumplió su función pedagógica y divulgadora, y consiguió enganchar al público al que iba dirigido, que obviamente no era mi madre ni su generación. Grabé dos temporadas completas, y habría seguido haciéndolo de no ser porque aquel no era mi sitio, aunque fuera una buena oportunidad: la informática quedaba lejos de mis ciencias favoritas. Vamos, que estaba atento a lo que se moviera, pero se movían pocas cosas. Además, había vuelto a ETB, no como presentador, sino como guionista y director. Me habían dado la posibilidad de ponerme al frente de un programa que se llamaría *El día D*. Allí volví a coincidir con Alicia San Juan, una chica excepcional y una maravillosa actriz, con la que ya había compartido protagonismo en *Arde la tarde*.

El destino nos daba la oportunidad de redimirnos de nuestro fallido intento de alcanzar la gloria con aquel magacín. Lo pasamos muy bien y nos entendimos siempre a la perfección. Menos mal, porque ese trabajo me sirvió para desperezarme un poco del aburrimiento de grabar el programa de informática. No quiero ser injusto. Agradecí siempre aquella oportunidad, pero era verdad que resultaba difícil disfrutar del programa, entre otras cosas por la dinámica de las propias grabaciones. El realizador de la Española no quería que utilizáramos teleprompter o autocue, o prompter o cue, que todos son lo mismo. Nos teníamos que aprender unos tochos larguísimos de información técnica llenos de palabros ininteligibles y soltarlos del tirón, porque no había posibilidad de corte, ante la cámara de turno, que solía ser una steadicam. Al realizador le parecía un método más natural y más convincente. Supongo que quería dar la impresión de que tanto mi compañera Cristina Maestro como yo mismo éramos entendidos en informática y que hablábamos con total naturalidad sobre las cuestiones más complejas gracias a nuestros conocimientos.

Nada más alejado de la realidad, claro. Especialmente en mi caso. No sabía ni encender un ordenador, no digamos ya comprimir un archivo o cualquier otra operación de *software*. Además, era tal nuestro esfuerzo por memorizar aquellos textos que llegábamos cansados al set de grabación, y durante la misma era tal nuestra concentración y preocupación por recordar los textos aprendidos que distábamos mucho de la pretendida naturalidad, y sobre todo de la relajación que buscaban nuestros jefes de la productora. Un suplicio.

Ya pueden imaginarse que nada aprendí ni saqué en claro del mundo de la informática, del que parecía un experto. Sí, la tele a veces engaña. Claro que yo creo que no conseguimos engañar a nadie. O a casi nadie. El programa, de todas maneras, funcionaba, y Televisión Española decidió seguir grabando más entregas. Yo, mientras tanto, continuaba presentando *El día D* y dando clases en la Facultad de Periodismo. Al acabar el curso, o sea, en julio, me di cuenta de que la compatibilidad entre mi carrera universitaria y mi incipiente carrera como comunicador y actor no era la ideal. ¿Recuerdan que unas páginas atrás les conté un pequeño incidente en mi carrera universitaria? ¿Ese en el que se me olvidó ir a examinar a los alumnos? ¿Y que no les iba a contar cómo lo arreglé para dejarme algo para un segundo libro? Esa noche comprendí que mi amor por mi profesión me absorbía de tal manera que era imposible dedicar tiempo, esfuerzo y concentración a cualquier otro quehacer. No tenía sentido continuar en la universidad. Ya no. Esa noche tomé la decisión de dejarla antes o después.

Y fue antes. Todo se precipitó. Un videocasting mío llegó a manos de la poderosa productora Boca a Boca, de César Benítez, que estaba preparando una serie de corte juvenil para Telecinco. Una serie novedosa y ambiciosa: *Al salir de clase*. Me querían. Y solo por lo que habían visto en el vídeo. O sea, yo presentando *Ciudadanos, Arde la tarde,* y una secuencia con Imanol Arias entresacada del largo *Rigor mortis,* de Koldo Azkarreta.

Me entró miedo cuando me dijeron que me querían. Mucho miedo. A pesar de lo que he dicho unas líneas más arriba, no me parecía el momento de dejar la universidad, salir de mi ciudad y de mi entorno, especialmente dejar a mi mujer y marcharme a Madrid. Otra vez la cobardía llamaba a mi puerta. Dos veces, como el cartero, pero con menos erótica para mi desgracia. Pero esta vez todo sería diferente. Una persona magnética, con carisma, energía, simpatía y co-

nocimiento se cruzó en mi camino. Hablo de Antonio Cuadri, que era el director de la serie, y que estaba cerrando
personalmente el *casting* de actores. Y lo hizo bien, muy
bien. No lo digo por mí, sino por la cantidad de gente joven
que fue capaz de aglutinar en torno al proyecto, la mayoría
sin experiencia, con pocos años y un talento por descubrir.
Pero Cuadri los descubrió. Ahí nacieron Rodolfo Sancho,
Elsa Pataky, Mariano Alameda, Pilar López de Ayala, Lucía
Jiménez, Athenea Mata, y...

Sí, Cuadri sabía lo que se hacía. Esa fue la clave de su éxito, y del de la serie. El talento que fue capaz de reunir al servicio de una idea de entretenimiento maravillosa. Y ese huracán
llamado Cuadri dejó caer su mirada atenta sobre mí. Se empeñó en conseguir que participara en la serie, me supo hablar,
animar, incentivar y convencer. Solo tuvo que pedirme que
creyera en mí mismo como él lo hacía. Y con este argumentó
me venció. No podía decepcionar a una persona que se peleaba por mí sin apenas conocerme, solo por pura convicción.

¿Vencería al miedo por fin? Casi ni lo necesité. En aquellas fechas de julio, Televisión Española había decidido hacer
una tercera temporada de *PC adictos*. Bueno, bien. No me
apetecía mucho, pero era dinerito para el bolsillo. En principio dije que estaría dispuesto. Podría marcharme a Madrid a
rodar y compatibilizar el trabajo con las grabaciones en Gal-
dakao. Pero las cosas no suelen ser tan fáciles, y en este caso
tampoco lo fueron.

Telecinco se había pronunciado sobre mi fichaje. Lo veían
bien, pero no iban a consentir que compartiera pantalla con la

Española. Si quería estar en *Al salir de clase,* tendría que abandonar *PC adictos.* Aquello era excesivo, ¿no? Yo no era nadie, profesionalmente hablando, ojo. Tomarse conmigo el tema de la incompatibilidad tan en serio me parecía surrealista. ¡Pero si ni siquiera mi madre se iba a dar cuenta de que estaba en dos cadenas a la vez! No emitían en la misma franja horaria ni tenían el mismo tipo de contenido. Pedirme, mejor dicho, exigirme que dejara el programa de informática me parecía injusto y prepotente. A ver, para mí no habría sido un problema, ya he dicho que en *PC adictos* me aburría. Pero, claro, tampoco me parecía bien abandonarlo sin más.

Comenzó entonces un *rally* de negociaciones a tres bandas (mi representante con Koldo Anasagasti y Juan Carlos López, que eran la cara de la empresa Koma, Telecinco y la productora K2000) para conseguir la compatibilidad de ambos proyectos. Me contaron que si dejaba el programa de informática, este se caería lastrando así el proyecto y la proyección de muchos profesionales. A mí me costaba creerme aquello. Estábamos en La 2 de Televisión Española. Hablábamos de un programa menor, con una audiencia modesta y escasa repercusión, aunque se pudiera ver en todo el país, cosa que, por aquel entonces, no pasaba con las cadenas privadas, que aún no tenían señal en todo el territorio nacional. Fueron tantas las presiones para que no me fuera a Telecinco, y tanto el disgusto de todo el mundo, que una mañana decidí hacer algo inaudito, impensable para alguien como yo: me saltaría a todos los interlocutores y a todos los intermediarios y hablaría directamente con Televisión Española.

Lo hice. Llamé. Me dijeron si podía llamar más tarde. «Claro», dije. Volví a llamar. Me pasaron con un señor que decían que era el director de La 2. No recuerdo su nombre. Ya me acordaré. Le extrañó mi llamada. Normal, me extrañaba hasta a mí. Seguro que iba a trasladarle un marrón, así, sin miramientos. Me preguntó en qué podía ayudarme. Le expliqué la situación: tengo una oferta de Telecinco. Me gustaría aceptarla. Pero no quisiera dejarles tirados. Aún no sabía si podría compatibilizar ambos proyectos. Pero si tenía que elegir, yo preferiría con total seguridad hacer ficción, que no un programa de informática. Pero antes de tomar cualquier decisión, quería conocer de primera mano su opinión. ¿Lastraría yo el programa y el canal? ¿Haría yo un daño irreversible marchándome? ¿Dejaría Televisión Española de existir? Aquel hombre carraspeó. Volvió a carraspear, y, ya lanzado, me espetó: «Hombre, a ver, nada en esta vida es irreversible. Yo entiendo tus gustos también. Preferiría que no te marcharas, pero bueno, si te marcharas tampoco… ¿Me entiendes? Si fueras Ramón García, te daría otra respuesta, pero, claro, tú no eres Ramón, así que no te preocupes y haz lo que creas que debes hacer».

La leche, no sabía si dar saltos de alegría o mandarlo a la mierda. Menuda desconsideración. Me había despachado con una facilidad y un menosprecio que me dejó descolocado. Yo no era Ramón García. A ver, que ya he adelantado unas líneas más arriba que yo no era nadie, profesionalmente hablando, ojo. Recuerden el «ojo». Pero una cosa es que lo diga yo, que me lo digo con cariño, y otra que me lo espete así, a la cara, un directivo que no conozco. Quise entender que no veía en mí ningún talento, y que, por lo tanto, poco o ningún futuro me auguraba; con lo que, si me marchaba, no iba a ponerse a llorar por las esquinas. Igual me pasé de pesimista. «Te vas a enterar», pensé. Claro que tampoco sé por qué pensé eso. A veces uno se pone flamenco hasta sin quererlo. Pero se enteró, sin acritud ni reproche alguno. Bueno, espero que se enterara: era julio de 1997, y solo dos años después de aquella conversación yo me convertí en el presentador de *50 x 15*, más conocido como *¿Quién quiere ser millonario?*, o *El Millonario*, en Telecinco, y que me puso en el mapa de presentadores del país. Pero esta es otra historia.

El caso es que aquel director me libró de mis pesadas cadenas. Yo decidí que, llegado el caso, me iría a la serie de Cuadri. Pocos días después, recibí una comunicación desde la cadena de Fuencarral. El trabajo insistente de Juan Carlos y Koldo había dado sus frutos, y en Telecinco habían decidido dejarme compatibilizar ambos proyectos. ¡Yupi! Todo parecía ponerse de cara. Pero solo parecía. La productora responsable de *PC adictos* tomó su propia decisión: prescindir de mí. No querían compartirme con la cadena privada. Nunca llueve a gusto de todos, y mira que en el País Vasco llueve lo suyo. Pues llovió y se acabó. Bueno, después de esto, solo quedaba tomar una decisión, la más importante: marchar o no marchar a Madrid a grabar *Al salir de clase*.

Recuerdo el día de la decisión final: era 13 de julio de 1997. Alicia San Juan y yo tomábamos una copa en un bar de Bilbao. Hablamos de todo: pros, contras, ser actor, ser presentador, vivir en Bilbao, vivir en Madrid, dejar la universidad, no dejarla…, tomar un *gin-tonic*, no tomarlo… En un instante, la televisión interrumpió su programación habitual. Dieron paso a la noticia que todos estaban esperando, pero con un sesgo dramático que nadie quería. Acababan de encontrar el cuerpo de Miguel Ángel Blanco, concejal de Ermua, secuestrado tres días antes, con dos balazos en la cabeza. Aún no había fallecido, pero se temía lo peor. Me acuerdo muy bien de Alicia. Lloró como una niña, amargamente. Yo también. No, esto no influyó en mi decisión de irme. Lo había decidido antes gracias a Cuadri, a mi ilusión, a la que entonces era mi mujer, Elena, y a la conversación con Alicia. Pero lo que sí es verdad es que, tras la decisión, lo primero que sufrí fue una gran tristeza, y lágrimas de rabia, pena y dolor. Yo me fui a Madrid a empezar una nueva vida. Miguel Ángel Blanco había visto cómo acababa la suya.

9

PADRE A LA FUERZA

«No existe el fracaso, salvo cuando
dejamos de esforzarnos».

JEAN PAUL MARAT

Ese era realmente mi miedo, fracasar. Por eso me resistía a desplazarme hasta Madrid, donde se concentraba todo el talento nacional. Los mejores actores, en Madrid. Los mejores cómicos, allí. Los más seductores, atractivos, guapos, radiantes, allí. No me explicaba cómo podían caber todos. Y encima muchos no lograban triunfar. Y todos habían llegado a la capital llenos de ilusión y convencidos de luchar por alcanzar el éxito. Por eso me encontraba cómodo en mi pueblo, con mi familia, en mi puestecito de trabajo como funcionario administrativo. Sin aspiraciones, o por lo menos no muy ambiciosas, pero sin sufrimiento, y, llegado el caso, sin dolor.

¿Qué podría pasar si me iba al centro del universo para comerme el mundo y el mundo no se dejaba comer? Veía a todos señalándome y diciendo: «Vaya iluso. Otro con ínfulas y megalomanía que se cree un portento y que no es más que un pobre diablo sin talento alguno». Todos eran más guapos, más altos, mejores actores, más brillantes, mejor conectados, más, más, más... Todos eran, punto. Yo no.

El amigo Coelho tiene razón cuando habla del miedo a fracasar. Ese miedo, pánico, diría yo, es paralizante. Ninguno de nosotros quiere sufrir desprecio ni desconsideración, ni críticas en ninguna faceta de su vida. De joven, no digamos ya de adolescente, uno no entraba a muchas chicas para no sentirse rechazado. «¿No te das cuenta de que es mucha mujer para ti? A ver, *espabilao,* ¿por qué no te fijas en las que son como tú, eh?». Y uno se dejaba llevar por las limitaciones que te iban poniendo tus amigos (ahora ya no lo son) y la familia (aún sigue siéndolo), y terminaba aceptándolas y asumiéndolas e interiorizándolas, hasta convencerse de que no es conveniente atreverse a desafiarlas. Madre mía, cuántas personas habrán echado a perder sus sueños, y por lo tanto sus vidas por el miedo al fracaso. Yo estuve años así, paralizado. Bueno, casi paralizado. En realidad, iba al ralentí, cuando quizá podría haber metido la quinta marcha y ganar la carrera, o al menos competir sin salirme de la pista. Me he puesto metafórico. Cuidado, peligro. Volvamos a la sencillez de lo terrenal.

Antonio Cuadri me supo leer muy bien. Cuando en nuestras conversaciones telefónicas yo le insinuaba no estar seguro de correr la aventura porque me sentía con una mano delante y otra detrás, él siempre me contestaba: «Tú vienes a Madrid con tu talento. Y en él tienes que apoyarte». Sabía hablar con la contundencia de los andaluces. Yo ponía entonces la siguiente pega: «No puedo dejar sola a mi mujer. Es farmacéutica y tiene aquí su trabajo, su familia, su vida». Y él volvía con su contundencia: «Si te quiere, te entenderá». No había excusa. Porque además Elena, mi mujer desde 1994, me había entendido siempre a la perfección. Y me había apoyado y hasta consolado en mis crisis por autodecepción y falta de valor. No, Elena había estado siempre a la altura que la vida le exigía. Era muy inteligente, muy bondadosa y tremendamente cómplice. Cuadri a menudo me dejaba sin respuesta. Sin coartada. No había más remedio que aceptar la realidad. La oportunidad se me servía en bandeja de plata: un excelente director como Antonio; un inmejorable productor (entonces de moda, además, con éxitos como *Boca a boca* o *El amor perjudica seriamente la salud)* como César Benítez (el mero hecho de que fuera César, como Julio, ya me tendría que haber servido de inspiración), y en una cadena como Telecinco, que gozaba de prestigio y con sabor de aventura. Y tras conjugarse los astros, con mi relación con K2000 y Televisión Española rota, con mi madre al borde del infarto (poco después mi padre pudo infartar también), con mi representante frotándose las manos, y con el veranito encima, que me liberaba de dar clases en la universidad, llegó la decisión, el viaje y el intento de triunfar: a Madrid.

Llegué un día caluroso de julio directo a Fuencarral a probarme ropa. Qué emoción. Allí coincidí con varios actores jóvenes que iban a ser las estrellas de la serie. A todos les quedaba todo de maravilla. A mí, casi nada. Todos lucían modernos y bellos. Yo no. A mí me vestían de padre casposillo, con chaquetas de lana y jerséis gordos. Qué depresión. No iban a querer hacer de mí un *sex symbol*. El colmo, sin duda, fue que, en la prueba de maquillaje y peluquería, decidieron que era muy joven para ser el padre de Rodolfo Sancho y Marián Aguilera. Bueno, en parte razón no les faltaba: ellos andaban por los veintidós años y yo tenía treinta y seis. ¿Podría ser su padre? Podría, pero habría sido un adolescente muy precoz. Conclusión: pintarme canas para que pudiera hacer el papel. ¡Dios mío, cómo es la vida! ¡Canas! Solo unos pocos años después, mi pelo se tornaría blanco intenso, y ahora ya casi puedo hacer de Papá Noel en Navidad. La vida tiene estas paradojas: de joven te pones canas para aparentar, y de mayor te las quitas para aparentar… también.

No sacar demasiados años a los jóvenes de la serie me permitió sentirme muy cerca de ellos. Compartíamos confidencias y preocupaciones, cigarrillos y tiempo muerto, que unen mucho. Las famosas esperas del actor. No hay más que recordar la frase de José Luis López Vázquez: «A los actores nos pagan por esperar». Y en esas esperas es cuando adquieres poco a poco confianza. Primero porque todos los actores tenemos un enemigo común al que poner a parir: el guionista, mayormente, que también el productor o la cadena. Y después, porque todos compartimos las mismas inseguridades: que si lo hemos hecho bien, que si hemos captado al personaje, que si estamos en tono. El mismo coñazo siempre. Pero esto une un montón. Horrores, diría yo.

Además, cada mañana madrugábamos una barbaridad para quedar a tomar un café en los bares de Plaza España. Allí nos recogían e íbamos juntos a Villaviciosa de Odón a grabar los capítulos de la serie, muchas veces recitando en el autobús nuestras separatas (secuencias, en argot televisivo) de guion y ensayando los textos que nos habían escrito. Hice muy buenas migas con ellos, especialmente con Rodolfo y con Marián, porque con ellos compartía más secuencias, pero también con Mariano Alameda, Daniel Huarte, Sergio Villoldo, Pilar López de Ayala, con la que era una gozada interpretar una secuencia, Aurora Carbonell, Elsa Pataky, y..., bueno, con todos.

La relativamente poca diferencia de edad me ayudó sin duda a compartir y a congeniar con los chavales, pero creo que lo que permitió que me sintiera tan cerca de ellos fue en realidad otra cosa. Sí, la verdad es que todos, ellos en conjunto y yo, compartíamos algo que los demás actores veteranos de la serie, que interpretaban papeles de padres o de profesores, no compartían: la ilusión de los principiantes. Eso era lo mágico. Yo tenía una ilusión maravillosa, como la de un chaval de veinte años, porque en el fondo, y en la forma, era mi primera vez. No solo mi primera serie, sino mi primera vez para todo: la primera vez que me contrataban en Madrid, la primera vez que aparecía ante toda España como actor, la primera vez que abandonaba mi ciudad y mi casa, la primera vez que alquilaba un piso para vivir; la primera vez que negociaba un contrato, la primera vez que actuaba con actores y actrices conocidos, la primera vez que asistía a una rueda de prensa, la primera vez que me hacían un reportaje para una revista de corazón… La primera vez para casi todo.

Que uno sea neófito, que uno sea un recién salido del cascarón hace que las sensibilidades sean parejas, y parejas las sorpresas, y las valoraciones, y las emociones frente a todo lo nuevo que nos estaba pasando, desde el comienzo de las grabaciones, pasando por el miedo a ser despedidos por el fracaso de la serie, hasta el éxito del producto; desde las ofertas de renovación, pasando por el triunfo de las chicas y chicos, que se habían convertido de la noche a la mañana en ídolos de masas que recibían miles de cartas, hasta la tristeza de los despidos de compañeros por la muerte de sus tramas, la marcha de miembros del equipo que buscaban tranquilidad en otras marcas, o el éxtasis del triunfo de quienes se alzaron con la magia de la audiencia.

Al salir de clase fue mi laboratorio emocional más importante. Y compartir con aquellos jóvenes tal experiencia fue el mejor regalo que podía darme la vida. Hoy, casi treinta años después, los recuerdo con intensidad. Mucho de lo que aprendí lo aprendí de ellos. También creo que algo les pude enseñar. Poco, ciertamente, y con humildad. Cuando veía el extraordinario éxito que tenían, siempre les aconsejaba prudencia. Yo quería que no se les fuese la chaveta. El fracaso puede aparecer de la noche a la mañana, sigiloso, acechante y contundente, sin saber por qué. Mañana pueden olvidarte y no volver jamás a pensar en ti. Yo les pedía prudencia y humildad. Que supieran disfrutar sin cometer locuras que los alejaran de la realidad.

Han pasado muchos años. Algunos se alimentaron con trabajo y buena cabeza y han conseguido tener carreras longevas, como Rodolfo Sancho, por ejemplo, o como Pilar López de Ayala, que acabó consiguiendo un Goya a la mejor actriz por *Juana la Loca*. Otros dejaron antes o después la profesión porque les fue esquiva. El público, además, acaba olvidándose de todo. He conocido a muchos actores, que no podían andar por la calle sin que los asaltaran debido a su fama, que años después podrían haberse desnudado en mitad de la Gran Vía madrileña sin que nadie les prestara la más mínima atención. Otros, como Miguel Ángel Muñoz, que acabaron pronto su andadura en la serie, supieron revertir la situación y convertirse en estrellas mediáticas.

La actitud de cada uno frente a la profesión y la vida es lo que marca las diferencias, siempre sutiles, entre el éxito y el fracaso, entre el trabajo y el paro, entre el reconocimiento y la indiferencia. Aquellos jóvenes no tenían por qué saber nada de eso. Pero lo aprendieron. A sangre y fuego. Con esfuerzo, con gloria y con miseria también. Cuántos soñaron con estar siempre delante de una cámara y, tras tocar el cielo con las yemas de los dedos, vieron truncado su sueño. Y cuántos llegaron con la única intención de pasar un buen rato y se vieron convertidos en referentes del medio. Yo, de hecho, siempre sostengo que un cierto grado de indiferencia viene bien en este oficio. Te ayuda a estar relajado. Y la relajación en el teatro, y sobre todo delante de una cámara, viene muy bien para mostrar espontaneidad y naturalidad. Virtudes que se agradecen tanto en un presentador como en un actor. La vida es competitiva, dura, y en esta profesión de titiriteros, la exigencia se redobla y la velocidad de las reacciones a cuanto haces o dejas de hacer se multiplica respecto a otras profesiones.

Dicho esto, afirmo que fui yo quien aprendió más de ellos. A tener pasión, a divertirme, a quitarme los nervios, a jugar ante las cámaras, a fallar y a corregir, sin sentirme menor, sin perder confianza, sin pudor. Porque ellos, en su juventud, no lo tenían. Qué importante es olvidar el pudor. El pudor no es otra cosa que el miedo a hacerlo mal. Te cargas de responsabilidad y pierdes la oportunidad de disfrutar y de mostrarte diferente. Ese pudor que nos impide en la vida normal decir lo que pensamos, con educación, claro, es el que, al trabajar como actor, te impide explorar, arriesgar y mostrar realidades diversas y atractivas. Cuanto menos pudor, menos cobardía y mayor capacidad de asumir riesgos. Sin miedo a qué pasará, a qué dirán. Como ven, la falta de pudor es la apertura de la puerta a la improvisación, la frescura, la espontaneidad y la naturalidad. Todo tiene que ver con todo. Minúsculas realidades que conforman una realidad mayor. Por eso, y vuelve la burra al trigo, aconsejo cierta indiferencia hacia nuestra propia pasión: la actuación. Así no estaremos atados, condicionados por los resultados de nuestras ambiciones, y podremos aún sorprender a los demás y sobre todo a nosotros mismos. Aspecto este que resulta clave para no aburrirnos.

No paro de hablar de actores y de experiencias actorales, pero *Al salir de clase* me dio la oportunidad de conocer a técnicos, regidores, realizadores, guionistas, directores, productores ejecutivos, y ejecutores también, que aportaron savia nueva a mi vida. Una de las cosas que uno aprende rápido en esta profesión, y en la televisión más si es que es posible, es que el resultado del trabajo, el de todos y el tuyo en particular, es fruto de un equipo. Nadie triunfa por sí solo. Nadie está por encima de nadie. Tus compañeros, los técnicos que te miran, los guionistas que escriben tus parlamentos, las sastras, los maquilladores; todos conforman una atmósfera idónea o errónea para el resultado final. Y que se guste o no se guste al público es el resultado de decenas de esfuerzos reunidos y armonizados. De hecho, cuando falla una o varias piezas del rompecabezas, que es hacer una serie o un programa de televisión, o una función de teatro, el fracaso llamará a tu puerta.

Todo esto de lo que hablo es un aprendizaje vital. Yo procuré aprender. De todo se aprende. Recuerdo que, al llegar a Madrid, me tocaba reunirme con el director de Producción de la serie. Carlos Rapalo era su nombre. Tenía fama de hombre duro. Cuando llegué a su despacho, me tocó esperar. Al parecer, estaba reunido con una actriz negociando su sueldo en la serie y los horarios de trabajo. Esperé unos veinte minutos. De vez en cuando me asomaba por la ventana buscando un poco de luz natural y de aire. Miraba a la secretaria. Nada. Impávida. Me decía a mí mismo que ni se me ocurriera sudar. Pensé incluso que el señor Rapalo igual tenía quitado el aire acondicionado para conseguir que yo sudara. Si sudaba, tendría prisa por dejar de sufrir y marcharme, y podría aceptar más fácilmente las condiciones que me ofertara. «Bueno, si eso pasara —pensé—, finjo un desmayo y salgo de la oficina para volver otro día. O recibo una llamada de mi madre diciendo que a mi padre le ha pasado algo, y con la excusa me marcho».

En esto estaba cuando entró Prado Rivera a la oficina. Era una mujer muy elegante y guapa. Yo aún no sabía que ella haría el papel de madre de Nico y Miriam, o sea, el papel de mi mujer en la serie. Hablé con ella. Me dijo que había quedado con el señor Rapalo. Le pregunté cómo funcionaba la cosa. Ya saben, qué se pide, cuánto se pide. Me miró con una sonrisa y me dijo muy educadamente que aquello era información confidencial. Cada actor, con su representante, negociaba en función de la importancia de su papel, del número de sesiones, de su currículum, de su popularidad; en fin, en función de muchas cosas. Otra lección para aprender: nadie revela información vital, no se comparte. Los actores, casi siempre, hacemos la guerra por nuestra cuenta. Mi gozo en un pozo. Iba a entrar a negociar con el señor Rapalo sin información privilegiada. Menudo trago me esperaba. Volví mi mirada hacia la ventana. Podía acercarme y salir por ella.

Pero cuando estaba dando vueltas a cómo acercarme con naturalidad a la ventana, la secretaria pronunció mi nombre: «Señor Sobera, puede usted pasar. El señor Rapalo le espera». «Bueno —le dije—, si quiere, que pase la señorita Rivera. Yo, yo…, yo en realidad no tengo prisa». La secretaria miró a la compañera, pero Prado Rivera zanjó, de nuevo muy educadamente, el tema: «No, no —dijo—. Yo estoy esperando a mi representante». «¡Joder! —pensé—, si es que yo tenía que haber venido con el mío también». Lo que había hecho yo de acudir a la llamada del productor sin ser acompañado por mi representante era como ir a una comisaría sin abogado, o a un juicio sin procurador, o a una sala de intercambio de parejas sin pareja. Menudo papelón me esperaba. Pero respiré hondo y entré.

Silencio sepulcral en el despacho. Allí estaba el señor Rapalo, sentado al otro lado de la mesa. Parecía un tipo serio, muy serio. Me invitó a sentarme. Me senté. Dije «hola» con voz meliflua, y aprovechó para soltarme su discurso del tirón. «Verá usted —me dijo—, yo ya tengo el culo pelado con tanta negociación. Aquí todo el mundo piensa que es imprescindible para el éxito de la serie, y todo el mundo pide el oro y el moro por su intervención. Pero yo no sé si esta serie va a ser un éxito o un fracaso, si va a durar un año o tres semanas, y mi obligación es conseguir que el proyecto sea sostenible». «Ya, si lo comprendo», dije en un alarde verbal. Aún no había roto a sudar. El aire acondicionado parecía funcionar. Aguanté la respiración y esperé. Me miró. Lo miré. Y entonces volvió a coger carrerilla. «Verás —dijo—, da igual cómo te pongas. Hay lo que hay y no voy a pagar ni un duro más». Entonces había duros. Como moneda, digo. Aparte de tipos duros como él. «Prepárate para lo peor», me dije. Él continuó: «Para tu categoría de actor secundario, de tres jornadas a la semana, como padre de familia en el papel de Eduardo (así se llamaba mi personaje), como sueldo mensual hay ochocientas mil pesetas. Repito, ochocientas mil pesetas».

A mí me pareció que estaba leyendo los premios de la Lotería de Navidad con la entonación de los niños de San Ildefonso: «Don Caaarlos Sobeeeraaa, ochocientas miiil peseeetaaas. Repito, ochocientas mil pesetas. A ver, al mes, señores, al mes. Yo era profesor en la Universidad del País Vasco y cobraba apenas doscientas mil; repito, doscientas mil pesetas. Aquello era cuatro veces más. Sí, es verdad, era un trabajo inseguro, podía estar en la calle en un mes, incluso en tres semanas, pero si aguantaba la serie un año, solo un año, habría ganado tanto dinero como en cuatro en la universidad. La cifra de las ochocientas mil pesetas vibraba en mis oídos.

El señor Rapalo me miraba esperando una reacción, yo solo me concentré en que no se me notara el temblor de piernas y el rubor de mis mofletes. Más excitado que yo no se podía estar. Ochocientas miiil peseeetaaas. ¡Viva la Lotería de Navidad! El señor Rapalo no dejaba de mirarme. Yo no dejaba de temblar. Finalmente, cabeceé de un lado al otro y contesté: «Bueno, a ver, reconozco que no es lo que esperaba, pero estoy aquí porque creo en el proyecto, y en el proyecto me quedo».

La leche, acababa de hacer la que iba a ser mi mejor escena como actor de la serie. Salí de allí a toda prisa, no fuera que el señor Rapalo se diera cuenta del error al ofrecerme tantísimo dinero, y sin saludar siquiera a su secretaria ni a Prado Rivera, que seguía allí, crucé la puerta de la calle y di un brinco descomunal. Como mi sueldo.

Lo dicho, de todo se aprende. Todo nos sirve. Esta experiencia me sirvió tanto para la negociación de mis futuros contratos que puedo afirmar que hay que aprovechar cada minuto de la aventura para aprender.

10

Los últimos serán los primeros

«Estos últimos han trabajado solo una hora y los
has tratado igual que a nosotros, que hemos
aguantado el peso del día y el bochorno»

MATEO, 20, 12

Tras la dura negociación con Rapalo, empezó mi viaje a través de *Al salir de clase*. Fue un año intenso como actor y como personita. Todo un año, 1997, viajando de Bilbao a Madrid y viceversa. Fue allí donde fragüé mi tarjeta Iberia plus infinita (aunque años más tarde, cogiendo el puente aéreo para ir a grabar a Barcelona, fue donde más puntitos sumé, la verdad). Además, la práctica actoral a diario me permitió un aprendizaje básico e intenso que hasta ese momento no había tenido.

A todo se aprende en esta vida si uno tiene buenos maestros y tiempo de ejercicio. Cuántos actores que en sus inicios nos parecían flojos se han convertido con el paso de los años y el quehacer constante en maestros de la interpretación. En este sentido, las series diarias de ficción son, sin duda, la mejor escuela para aprender el oficio. Las secuencias eran cada vez más exigentes. Además, como pasa siempre en este tipo de trabajos, el examen del público, único juez real del éxito y del fracaso, había convertido a la familia de la que yo era padre en una de las favoritas de la serie. Por lo tanto, más secuencias con el paso del tiempo. Más intensidad, más práctica y más presencia televisiva. Una de las cosas que hacemos los actores para saber si nuestros personajes funcionan o no es fijarnos en si crece o no el número de nuestras tramas. Solo cuando el personaje ha caído en gracia es posible obtener más protagonismo. En el caso contrario, te diluyes poco a poco, hasta que un buen día recibes la llamada del director de producción para avisarte, ya irremediablemente, de la rescisión de tu contrato. Así de duro, así de real. Aprendes pronto a saber que tienes que hacerlo bien, y que además dependes de cómo se perciba tu trabajo para poder seguir trabajando.

No es de extrañar, por lo tanto, que los viernes a la tarde en el aeropuerto de Barajas, mientras esperaba la salida del vuelo hacia Bilbao, yo me entretuviera abriendo el sobre que contenía los guiones de los cinco capítulos de la semana siguiente, para contar el número de secuencias que habría de prepararme. No solo eso; es que, además, comparaba las secuencias de mi personaje con las que tenían los demás. Esto me daba una idea de mi valoración dentro del serial, y de las posibilidades de que se mantuviera mi rol; un estudio de campo como otro cualquiera.

El problema es que estos análisis hay que hacerlos con los pies en la tierra. A veces puedes pensar que ganar peso implica ganar más dinero por tu trabajo. Y esto no tiene por qué ser así necesariamente. ¿Que si me pasó a mí? ¡Pues claro!, a ver si se creen ustedes que yo no iba a hacer las mismas tonterías que el resto. Lo pensé, y creí (pasados ya casi seis meses desde el inicio de las emisiones) que podía pedir un aumento de sueldo. Y lo pedí. Y me dijeron que tararí que te vi. Y reaccioné bien, porque en vez de considerarme ninguneado, y pensar que no valoraban mi trayectoria dentro de la serie, ni reconocían el aprecio que el público tenía por mi personaje, llegué a la conclusión de que bastante suerte tenía con estar donde estaba, aprendiendo lo que aprendía, consiguiendo proyección profesional, y ganándome respeto como actor.

Por otro lado, el instinto es muy importante. Uno debe saber cuándo debe apretar y cuándo no. Aquel no era momento para apretar, sino uno para no ser apretado o, aún peor, aplastado. Son muchos los actores y actrices, por supuesto, que desaparecen de las series de manera sorprendente, incluso repentina. A veces, incluso el espectador se pregunta cómo han podido retirar a un personaje que les caía especialmente en gracia. No lo duden, la razón es puramente económica: han pedido excesivos aumentos, o los han pedido con excesiva exigencia. No todos los casos son iguales, y por eso las «desapariciones forzosas» tampoco lo son. A unos personajes los mandan de vacaciones o a trabajar a otro sitio, dándoles así la oportunidad de volver a la serie si es que su ausencia se le atraganta al espectador. A otros los apalizan y se quedan en coma, ingresados en un hospital público o en una clínica privada según el pedigrí del personaje, pero igualmente congelados.

Pero, ¡ojo!: en todos estos casos siempre cabe la recuperación. Ahora bien, hay personajes que mueren. Los matan bien matados. Incluso los rematan. Les pegan diez tiros, los aplasta un camión, les pasa un tanque por encima, y finalmente son vestidos con zapatitos de cemento y arrojados al mar. Aquí no hay posibilidad de regreso (aunque algún caso inverosímil se haya visto), y el actor tiene cero, nulas posibilidades de volver a interpretar su papel. Bien, estos son los compañeros que se pasaron de listos, o de la raya, cuando fueron a pedir un aumento de sueldo, o a dejar claro que eran imprescindibles. No, amigos, en esta vida, y más en esta profesión, nadie es imprescindible. *Everybody is dispensable,* que diría Robert de Niro. La soberbia que algunos artistas destilan les impide ver esta básica realidad.

Yo pedí mi aumento de sueldo, no lo conseguí, y me quedé tan tranquilo. Ya llegaría mi oportunidad. O no. Lo importante era disfrutar. Y estaba claro que yo disfrutaba. Fue en ese año, llegado el mes de octubre, cuando hice efectivo mi abandono de la universidad. Si había llegado a la convicción de que el tiempo que me llevaba trabajar en la tele me impedía forjar una carrera universitaria, el éxito de la serie me hizo entender que tendría muy difícil conseguir el respeto de los alumnos. En los primeros días de docencia, pude notar que los alumnos me miraban de otra manera. Ya no era el profesor de Derecho de la Publicidad, no; además era, sobre todo era, el padre de Nico y Miriam. La percepción sobre mí era muy distinta. Y con ello la dificultad para hacerme respetar como un profesor más aumentó significativamente, como consecuencia de la nueva identidad que me proporcionaba la televisión.

Yo nunca había creído en eso. No me parecía un fenómeno tan importante. Hasta que un día me ocurrió algo que me hizo entender que la verdad que trasmite la televisión como medio de comunicación de masas está muy por encima de la propia realidad. Fue en ese mismo año, el primero de la serie. Yo estaba en Barakaldo, donde seguían viviendo mis padres. Una tarde fui a dar una vuelta buscando reencontrarme con lo que Barakaldo significaba para mí. Hacía años que me había casado y me había trasladado a Loiu, en la margen derecha de la ría, cerca de la Universidad del País Vasco.

Cuando llegaba la hora de la cena, fui encaminándome hacia la casa de mis padres en la calle Gipuzkoa, aquella donde yo había nacido el 11 de agosto de 1960. Es un orgullo proclamar que nací en casa de mis padres, a la antigua usanza, como en la vieja Roma, y no en un hospital de alto copete. Pero a lo que íbamos: bajaba por la calle Bizkaia cuando me pareció notar que una chica joven, de unos catorce o quince años, me venía siguiendo. Pensé que era casual. Doblé la calle entrando en el paseo de los Fueros, y vi que la chica giraba en la misma dirección. «Bueno —pensé—, Los Fueros es el paseo principal. Nada anormal». Entonces entré ya en la calle Gipuzkoa, a la altura del número 10, y la chica seguía detrás de mí. En ese momento sí que pensé que se trataba de alguien que me había reconocido y quería que le firmase un autógrafo. Antes aún te pedían autógrafos, no como ahora, que todo el mundo quiere una foto. Es como si fuese necesario tener prueba más fehaciente de que conoces a un famoso. Cualquier día nos pedirán las fotos acompañados por un notario que de fe de que todo es real y no fruto de la inteligencia artificial.

La chica me seguía, pues. Pensé que sería mejor no darme la vuelta por no asustarla. Si estaba en lo cierto, al llegar al portal de mis padres me alcanzaría y, mientras llamaba al timbre para que me abrieran la puerta, ella tendría tiempo de sobra para interpelarme y pedirme el autógrafo. Y continué. Y llegué al portal, y ella me alcanzó justo cuando llamaba, tal y como había previsto. Entonces, cuando ya me estaba preparando para sonreír, sacar el bolígrafo y firmar el autógrafo, aquella chica se llevó las manos a la cara, sonrió tremendamente agitada y me preguntó: «¿Es aquí donde viven Nico y Miriam?». Mi cara fue de asombro, casi de estupefacción. «¿Perdón?», pregunté sin terminar de creer lo que había escuchado. «Es que me gustaría —añadió— poder subir para conocerlos. Me haría mucha ilusión».

Me quedé petrificado. Aquella niña pensaba que Nico y Miriam eran personas reales, de la calle. Y como me vio a mí, que era su padre en la serie, pensó que yo era su padre real, en la vida real, y que, por lo tanto, si me seguía, llegaría hasta su casa para conocerlos. Un caso de identificación absoluta entre mundo real y de ficción. Ojo, que hay muchos actores que hacen de «malos» en series o películas a los que insultan en la calle sin el menor miramiento precisamente por confundir realidad y ficción. Para que comprendamos el daño que puede llegar a hacerse con la mentira instalada en el medio y su mensaje.

Me dio pena desilusionarla, pero la desilusioné. «No —le dije—, Nico y Miriam no viven aquí. Son mis hijos en la serie, pero no en la vida real. Viven en un plató que está en Villaviciosa de Odón, un pueblo de Madrid, no en esta casa ni en esta ciudad». Se quedó planchada. Entendió que sus ídolos no eran de este mundo, sino de otro.

Por eso en la televisión, como en el teatro y en el cine, pueden pasar cosas maravillosas que en la vida real no sucederían nunca. ¿Quién iba a creerse que yo pudiera hacerle una cobra a la mismísima Elsa Pataky? Mis amigos no, desde luego. Y yo tampoco. Pero en *Al salir de clase* la locura de los guionistas no tenía parangón, y decidieron que el personaje que interpretaba Elsa Pataky tiraría los tejos al florista Eduardo, que era, para mi deleite, mi personaje. Eduardo ponía cordura y, ante el intento de beso de la chica, apartaba sus labios, su cabeza, su cuerpo, y todo lo que tuviera que apartar. La cobra estaba servida. ¡Ay, madre, si esto llega a pasar en la vida real! No habría salvado nadie a nuestra querida actriz, pues yo habría terminado dejándome besar, y abrazar, y hasta acurrucar si era necesario. Pero, claro, en la ficción hasta lo más inverosímil puede pasar. En la vida real, lamentablemente no. Por eso puedo presumir de ser el único español, casi el único hombre, que ha podido y querido hacerle una cobra a Elsa Pataky.

Esto ha quedado ya como una impronta en mi currículum. Lo que no dice nada en mi favor, desde luego. Porque si llega a ser al revés y es ella quien me hace a mí la cobra, todo el mundo lo habría aceptado como un hecho normal. ¿Dónde va Carlos pretendiendo besar a ese bellezón? Puro prejuicio, sin duda. Por eso, que la cobra la protagonizara yo era más bien un gesto paranormal. ¿Cómo puede Carlos rechazar a semejante bellezón? Bueno, la vida. Al menos conseguí vengarme de todas las cobras que en la vida real me habían hecho unas cuantas chicas. Seguro que cuando vieron el capítulo en cuestión, se quedaron maravilladas porque el hombre al que habían rechazado rechazaba ahora a una mujer más hermosa aún que ellas.

Vaya, ya estoy yo como la chiquilla de mi pueblo, confundiendo ficción y realidad. Y no, son dos cosas bien distintas, aunque se retroalimenten. Si la chica aprendió que son dos cosas distintas, doy por bien empleado el chasco que se llevó. Yo, por mi parte, entendí que la imagen que proyectaba de mí la televisión y el personaje que encarnaba estaban por encima de mi propia realidad. Ya no podía seguir dando clases. No, aquel mundo se acabó. Y me daba pena, la verdad, porque la docencia es una actividad altamente gratificante. Pero quería dar lo mejor de mí, y las circunstancias estaban por impedirme que así fuera. Estoy seguro de que quien me sustituyera lo hizo mejor que yo (que tampoco es tan difícil), y eso les vino mejor a los estudiantes que lamentaron que el actor de *Al salir de clase* no fuera su profesor.

Así comencé a dedicarme en cuerpo y alma a mi profesión, a mi sueño, a mi trabajo.

11

DE MADRID AL CIELO

«Pues el invierno y el verano,
en Madrid solo son buenos,
desde la cuna a Madrid,
y de Madrid al cielo»

LUIS QUIÑONES DE BENAVENTE

Un año, o lo que es lo mismo, cuatro temporadas estuve interpretando el personaje de Eduardo en la serie de la sobremesa de Telecinco. Me fue bien y aprendí mucho. Los directivos de la cadena se quedaron con mi cara, y César Benítez, el productor, también. Además, seguro que pensaron que no era de los que quería cobrar mucho. Esto provocó que en el verano de 1998 productora y cadena me ofrecieran hacer un *casting* como protagonista de una nueva sitcom. Originalmente se llamaba *Segundo round,* pero quienes iban a ser sus directores le cambiaron el título por uno un tanto más almodovariano: *Quítate tú para ponerme yo.* Normal, porque los directores eran Dunia Ayaso y Félix Sabroso. Dos tipos extraordinarios, o tipas, o tipes, ya no estoy seguro. Eran geniales. Distintos, frescos, atrevidos, y muy alegres. Venían de triunfar en el cine con el largometraje *Perdona bonita, pero Lucas me quería a mí.* En esta profesión el olfato no siempre funciona. De hecho, hay tanto miedo a que las cosas no vayan bien que uno termina desconfiando casi de todo, con lo que el éxito siempre te sorprende.

Pero así como en la serie juvenil yo había tenido muy buenas sensaciones, y mucha ilusión, en este proyecto no terminaba de tenerlas todas conmigo. Quizá fue el propio *casting.* Coincidí con la actriz que al parecer ya habían elegido como protagonista. Toda la serie giraba en torno a dos familias que se veían obligadas a compartir la misma vivienda en contra de su voluntad. Este arranque aseguraba permanentemente el conflicto entre los protagonistas que alimentaba la serie. Lo que yo no podía sospechar, pero intuí en aquel *casting,* era que el mal rollo de los personajes lo iban a protagonizar también los actores: ella y yo. Fue cuestión de piel. A ella no le caí bien. Me sentí rechazado, e inmediatamente sentí rechazo hacia ella. Algo muy normal para un psiquiatra, que seguramente habría diagnosticado algún tipo de psicopatía en ambos.

No me preocupé porque tampoco me salió muy bien la prueba. Estaba seguro de que escogerían a otro actor. Por eso, días más tarde, cuando mi representante, Anasagasti, me llamó para decirme que el papel era mío, casi me caigo re-

dondo, con el agravante de que estaba ayudando a una señora mayor a cruzar un paso de cebra, con lo que en mi tropie-
zo provoqué el suyo. Me miró con cara asesina, y no recuerdo
si llegó a insultarme, merecidamente, por supuesto. Pero no
me enteré porque estaba gritándole a Anasagasti: «¿Cómo?
¿Que me cogen? ¿Pero no hay nadie que lo haya hecho mejor? Es que no me lo puedo creer». «Yo sí que no me lo creo
—dijo la señora del paso de cebra—. Manda narices, que no
había ningún peligro, ni cruzaba ningún coche, y por dejarle
a usted acompañarme casi me mato. Es que no doy crédito,
vamos». «No, no —dije yo a la señora—, el que no da crédito soy yo, que me han cogido para hacer un papel en una
serie». «De asesino, supongo —dijo la señora—, porque ya le
digo yo que eso se le da de maravilla. Además —añadió—,
no hay ni que darle armas homicidas. Usted se las arregla
solito para escoñar a cualquiera».

Madre mía, cómo se puso. En seguida llegaron otros
transeúntes para interesarse por lo que había pasado. En pocos minutos me sentí como Jack el Destripador. Salí corriendo de allí y retomé la conversación con mi representante:
«Entonces, el papel es mío, ¿no», dije, a lo que Anasagasti
respondió: «Sí, pero tengo que decirte algo: no pagan mucho
por hacerlo».

¡Vaya, qué fiasco! Para una vez que conseguía el prota,
querían pagarme poco. «Claro —pensé—, por eso me han
dado el papel, porque saben que me conformo con poco y
que además no voy a pedir aumento de sueldo, al menos no
en las primeras treinta temporadas. Bueno, por si llegamos a

la temporada treinta y uno, voy a decir que sí». Y dije que sí. ¿Acerté? En parte sí, en parte no. A ver, vamos por partes, y nunca mejor dicho: acerté porque era un papel protagonista, porque trabajé con dos directores descomunales, porque di continuidad a mi carrera, porque conocí a profesionales muy interesantes, porque de todo se aprende. El rodaje, además, aunque duro y espartano, fue divertido y llevadero. Y eso que sí, que no me llevaba bien con la actriz protagonista. Pero tanto ella como yo éramos educados y corteses. Nunca pasó nada desagradable. Simplemente no nos llevamos, y eso es probable que le restara capacidad de seducción a la serie. Y no acerté porque, en parte por eso, en parte porque se estrenó en verano, en parte porque los guiones eran demasiado histriónicos y las situaciones poco convencionales, y en parte porque qué sé yo, la serie no consiguió triunfar. No fue un descalabro, pero no funcionó.

Se dio la circunstancia de que Globomedia (la productora de Emilio Aragón) ponía en la palestra otra sitcom para la cadena que terminaría siendo un éxito incontestable: *Siete vidas*. Punto y final. La serie en la que yo trabajaba no sería renovada, y por primera vez desde mi marcha a Madrid me quedaba sin trabajo. Despedido. Sin ingresos. A verlas venir. En la puta calle. Ya adelanto que no sería la primera vez que esta productora iba a cruzarse en mi camino.

Desde que había empezado a trabajar como profesor de universidad en 1987 y hasta aquel momento, año 1998, era la primera vez que me quedaba sin trabajo. ¿Que si entré en crisis? ¿Ustedes qué creen? Las palabras de mi madre retumbaban en mi cerebro horadado: «Hijo, que te vas a quedar sin trabajo, que no tienes ninguna seguridad, que es muy difícil, que pocos son los que llegan, que, que, que, que...». Mira que mi madre estaba en Barakaldo y yo en Madrid, pero, oye, más presente que nunca. Madrid acababa de hacerme un requiebro. Bueno, o me lo había hecho la profesión, o la cadena, o vete tú a saber... ¿Que qué hice? Cálculos. Aritmética. Sumé, resté, dividí y multipliqué. Primero sumé. Sumé todo lo que había ganado en los quince meses que había trabajado como actor. Luego resté lo que se había llevado Hacienda, y lo que me había gastado. Luego dividí el resto entre los doce meses del año, y por último multipliqué para saber cuántos meses de sustento tenía por delante sin tener que agobiarme en exceso.

¿Conclusiones? Dos muy claras. Primera: la Agencia Tributaria aprieta demasiado, y segunda: mis puños habían estado muy sueltecicos en aquellos meses. Por lo tanto, respiré hondo, pensé que en breve volverían a ofrecerme algo y me alivié de presiones. Todo este ejercicio me sirvió un rato. Al acabar el rato me entraron los siete males, o sea, miedo, pánico, inseguridad, falta de autoestima, tristeza, pánico otra vez, y desesperanza. Siete. Como los siete magníficos. Había que hacer algo y lo hice. Me costó hacerlo, pero no había más remedio. Después de todo, llevaba once años cotizando a la Seguridad Social. No era momento de ser orgulloso, tenía que acudir a la oficina de desempleo correspondiente para apuntarme al paro y recibir una contraprestación. Cómodo ya sabía que no iba a ser, pero nunca creí que pudiera ser embarazoso. No digo humillante, eso no, porque estaba ejerciendo mis derechos como cualquier ciudadano que se hubiera quedado en el paro, pero embarazoso sí fue.

Pedí cita. Me la dieron. Acudí. Y rellené toda la documentación que me dieron. Pero, claro, la oficina estaba repleta de personas solicitando exactamente lo mismo que yo. Todos tenían el mismo derecho, todos estaban sin trabajo. Entonces el paro era tremendo. Hoy también. Está claro que no somos capaces de crear tantos puestos de trabajo como se necesitan.

Así pues, todos me miraban, unos sonrientes y otros no. Se conoce que todos veían la serie, y pensaron que me había quedado sin floristería. Tanta mirada en un momento de debilidad para uno como aquel, emocionalmente hablando, es comprometido. Te da por pensar en qué estarán pensando. ¿Creerán que por ser conocido (aún no era famoso) no tengo derecho a la prestación? ¿Pensarán que he dilapidado la fortuna que se supone que ganan los actores de televisión de una forma irresponsable? ¿Creerán que soy un irresponsable y un antisocial que les está restando a otros honorables ciudadanos su derecho a recibir ayuda estatal?

Lo siento, pero es que, de verdad, te comes la cabeza. Ahora todo el proceso no deja de ser una cura de humildad. En efecto, nada hay seguro sobre la faz de este mundo, y en especial el trabajo. Aquella mañana, en aquella oficina, ya no recuerdo si en Barakaldo o en Bilbao, me puso al habla con la realidad de nuestro país. Con el miedo, el dolor, la rabia de no poder trabajar cuando se quiere y se necesita. Una lección más en mi mochila.

Rellené el papeleo, firmé los documentos, sonreí a todos, me hice unas cuantas fotos, hablé de Rodolfo y de Marián, y salí de la oficina hacia mi casa. Había comenzado el periodo de paro más largo de mi carrera, bueno, de mi historial laboral. Iba a durar seis meses. Seis largos meses. Desde el otoño de 1998 hasta la primavera de 1999, momento en el que, interrumpiendo el relato de aquel guía sobre la historia de la Alhambra, se puso a sonar, con música celestial, mi teléfono móvil, antiguo y analógico, que tantas alegrías me dio. En aquel momento yo huía de un grupo nutrido de estudiantes que visitaba el monumento granadino a la par que yo. No me sentía con fuerzas para firmar autógrafos o hacerme fotos, y sobre todo no tenía ánimos para explicar por qué mi personaje había desaparecido de la serie. El teléfono me dio una excusa perfecta para apartarme un poco del patio de los Leones y refugiarme tras una columna.

La llamada era de Telecinco. Me preguntaron si podía acudir a la casa para hacer un *casting* para un programa de entretenimiento. Me extrañó y se me debió de notar. Meses antes, estando en plena grabación de la serie, y aún con Antonio Cuadri en la dirección, me había presentado a un *casting* organizado por la cadena para presentar el *El nuevo juego de la oca*. A mí me gustaba aquel concurso, que había triunfado como *El gran juego de la oca* entre 1993 y 1995 de la mano de Emilio Aragón. Así que solicité permiso a la productora de Boca y me presenté.

Fue la primera y última vez que me desnudé en público. Que yo recuerde, claro. El *casting* estaba protagonizado por mujeres. Podía haber diez o doce. Hice lo que me pidieron. «Habla», me dijeron, y hablé; «Calla», me dijeron, y callé; «Mira a cámara», me ordenaron, y miré. Pero la guinda del pastel la dejaron para el final. Del fondo del lugar en el que estábamos surgió una voz, femenina por supuesto, que me dijo si tendría algún inconveniente en desnudarme si así me lo pedían. Claro que no, les dije, si así me lo pidieran. Y me lo pidieron. Y oigan, no dudé.

No lo pensé dos veces. Me desnudé con una rapidez impropia de un *stripper,* y me mostré ante ellas, todas, en pelota picada. No escuché ningún reproche. Tampoco vítores. Eso es un empate, ¿no? Luego oí un «gracias», y no recuerdo que me dijeran «ya te llamaremos». No me llamaron. Me quedé preocupado. ¿No me llamaron porque no daba el perfil adecuado para presentar el programa? ¿Tal vez porque hice el *casting* horrorosamente mal o porque mi desnudo integral no les había impresionado? Esto último era casi lo que más me preocupaba. Al fin y al cabo, habría muchos castings en el futuro, pero no dar «la talla» me causaba inquietudes de mayor calado.

Eligieron a Andrés Caparrós, el hermano pequeño de Alonso Caparrós. No hubo suerte. El concurso no funcionó y acabó siendo retirado de la parrilla (o la rejilla, la distribución de los programas en el horario, en argot televisivo).

Por eso me extrañó una nueva llamada. No habían pasado sino unos meses y me volvieron a llamar de Telecinco pidiéndome que fuera otra vez a Madrid. Bueno, igual mi desnudo sí había estado a la altura de lo deseado, je, je. Al llegar me enteré de que llevaban semanas haciendo un *casting*. Al parecer, habían visto a más de doscientas personas, y no acababan de dar con la adecuada. Habían pasado hombres y mujeres, famosos y desconocidos. Yo estaba a mitad de camino. Bueno, me refiero a lo de la fama. Ni muy conocido ni desconocido del todo.

En el *casting* coincidí con una famosísima periodista de la que tenía muy buena opinión: Mari Pau Domínguez. Pensé que no tenía nada que hacer, pero había que probar. Me recibió Olga Flórez, que iba a ser la directora del programa, una mujer sonriente que confiaba mucho en el potencial del formato. Se emitía en la televisión británica, y hasta el momento solo lo había comprado España. Me enseñó el programa original y me preguntó qué me parecía. «Tiene buena pinta —le dije—. Aunque un poco sesudo para triunfar». Yo me había quedado en *El gran juego de la oca,* y no era muy amante de formatos como *El tiempo es oro*. Olga me sonrió y me pidió que entrara al plató y lo presentara. ¡Menudo marrón! Pero, como ya estaba allí, no me iba a rajar. Entré y empecé.

Al poco, un tipo orondo, el director de producción, de nombre Ramón, un buen tipo en verdad, fue hasta donde yo estaba sentado y me susurró al oído: «Haz que este tipo que tienes enfrente sude como un cerdo por la tensión de las preguntas». «¿Qué tensión?», pensé yo. Seguro que iba a sudar, pero por el terrible calor que hacía en aquel estudio sin aire acondicionado y cerrado a cal y canto.

Yo no sé si aquel figurante sudó, pero yo sí, la gota gorda sudé. Madre mía, salí de allí como un pollo remojado. Me despedí de la directora y de la sastra que me había prestado un traje, y me fui convencido de que no me llamarían, a pesar de no haberme desnudado. Misterios de la vida. A veces, haga uno lo que haga, nada funciona.

Pasaron tres días y el teléfono sonó de nuevo. Yo no lo esperaba ni lo ansiaba. En serio, creía que no me elegirían. Más de doscientos candidatos, gente famosa, profesionales con experiencia, y Mari Pau. Yo me habría quedado con Mari Pau. Pero fue mi teléfono el que sonó, y, al otro lado, una voz que no reconocí me dijo que había sido el elegido para presentar la versión española del programa británico: *Who Wants to Be a Millionaire?* No me lo podía creer. Sonaba muy bien: «¿Quién quiere ser millonario?». Una semana después estaba grabando los primeros programas, y habían decidido que se llamaría *50 x 15*, mucho más fácil de entender. Más fácil de seguir. Menos glamuroso, pero supergráfico, el título. Al fin y al cabo, los concursantes podían llegar a ganar hasta cincuenta millones de pesetas por contestar correctamente a quince preguntas.

¿Alguna pregunta? Ninguna, señoría. Acababan de birlarme un título hermoso e histórico. España se convertía en el segundo país del mundo en explotar aquel formato tras el Reino Unido. Comenzamos grabando solo trece programas de treinta minutos. Se emitieron los sábados a las nueve de la noche, compitiendo con los informativos de otras cadenas y contra los partidos de fútbol de la liga española que, por aquel entonces, acostumbraban a no bajar de un 30 por ciento de *share*. Obviamente no destacamos. Pero la cadena no quiso tirar aquella brillante idea a la basura, y en mitad de grandes angustias para el equipo decidieron prorrogar trece entregas más.

Y entonces se obró el milagro. La liga de fútbol se había acabado y solo competíamos con los informativos. La audiencia del programa subió como la espuma, las curvas eran trepidantes y en la calle empezaba a haber un runrún sobre el programa. Lógico, porque el *50 x 15* estaba alcanzando hasta un 25 por ciento de audiencia cada sábado. Total, que a principios de septiembre, cuando yo esperaba que me dijeran que no seguiríamos o que solo haríamos trece programas nuevos para ver qué tal funcionaban, me encuentro con que la cadena ha tomado la decisión de emitir a diario a partir del aquel mismo mes.

Y así cambió mi vida. Así pasé en pocos meses de ser apenas conocido a ser una de las personas más populares del panorama nacional. Todo lo que hacía caía en gracia. Que si las miradas a cámara (que al principio no gustaban nada a los propietarios ingleses), que si la cejita para arriba y para abajo, que si esto, que si lo otro. Y siempre arropado por profesionales de gran humanidad y excelso talento, con Olga Flórez a la cabeza. Me encariñé muchísimo con aquel equipo. Y sufrí mucho cuando los perdí. Aún hoy se organizan cenitas del *50 x 15* para recordar los viejos tiempos. Gracias al trabajo de todos, el programa cosechaba a diario millones de espectadores de media, y cuotas estratosféricas de audiencia, y convertía al informativo de la cadena que iba a continuación, presentado por Juan Ramón Lucas, en líder de audiencia.

Es muy importante ir en la parrilla detrás de programas que triunfan y que dejan mucho arrastre. Puedes hacer dos puntos menos que tu competidor, pero si tu competidor viene de un veinte por ciento de *share* del programa que lo antecede y baja hasta un catorce por ciento, ese doce por ciento que tú haces es como si subieras el Tourmalet, porque sigues a un programa que ha cosechado tan solo un ocho por ciento de audiencia. Está claro que tu fortaleza es mayor que la de tu competidor, aunque tu competidor te gane en cifra.

Esto es el arte de interpretar las audiencias. Arte que no todo el mundo tiene y arte, además, que algunos no quieren tener para así hacer lecturas sesgadas e interesadas. Es algo muy habitual, y en nuestro país más aún.

Había nacido, pues, un presentador de concursos. Y mira que me habían puesto pegas. Recuerdo la rueda de prensa que dio la cadena para presentar el programa. La misma pregunta me la hicieron unos cuantos periodistas. ¿Qué hacía un actor haciendo de presentador? Atentos al giro, «haciendo de». ¿Utiliza usted una técnica interpretativa para hacer de presentador? Yo no salía de mi asombro. A mí me parecía obvio que eran trabajos diferentes y perfectamente compatibles. Pero la necesidad de catalogar, clasificar, de colocar en compartimentos estancos a las personas, lleva a muchos a no entender nada. Tiempo después, cuando estrené mi primer espectáculo teatral en Madrid, *Palabras encadenadas,* de Jordi Galceran, me hicieron la misma pregunta, pero al revés: ¿qué hacía un presentador «haciendo de» actor? Definitivamente, para mear y no echar gota. Cuando pasan este tipo de cosas comprendes que no puedes hacer otra cosa que tener paciencia y dejar pasar el tiempo. Porque con el tiempo, si seguía trabajando como actor y como presentador, los profesionales y los periodistas terminarían entendiendo que se puede ser las dos cosas, desarrollar ambos tipos de trabajo, y los dos exactamente igual de bien o igual de mal.

Cuando eres actor interpretas un personaje, con sus claves, y dirigido por un director con sentido del espectáculo, y cuando eres presentador te limitas a ser tú mismo poniendo claves como la naturalidad, la espontaneidad y la frescura al servicio del programa que corresponda. Pero hay a quien le molesta que sea así. Es como si no soportara que un autónomo fuera a la vez electricista y fontanero. Normal, a ver si el electricista por ahorrase un trabajito va a meter los cables por la tubería de desagüe, y luego sentados en la taza del váter, nos va a dar una descarga fulminante.

Pero, en fin, lo importante es que aquel concurso triunfó, y yo con él. Le debo todo a aquella maravillosa etapa del *Millonario* en Telecinco. Fue el principio de una longeva y feliz carrera. El origen del profesional que soy. La primera vez que sentía la responsabilidad de soportar en solitario la presión de las audiencias, y la primera vez que el espectáculo dependía de mi buen o mal hacer. Fue el programa que me permitió obtener mis primeros reconocimientos, y el que me imprimió ese sello de comunicador de andar por casa, cuasi familiar, tranquilo, natural, y con algo de retranca. También fue el primer programa que me hizo criar canas: ya no iba a ser necesario nunca más pintármelas en maquillaje. Y, por supuesto, también sería el programa que me dio los primeros disgustos.

Natural. Todo éxito termina con el tiempo difuminándose, y acaba, con el tiempo, en programa amortizado y retirado de la parrilla. Pero su lugar en la historia queda para siempre. Recordemos a Máximo Décimo Meridio en *Gladiator* en el mítico discurso que dirige a sus tropas en el que los anima diciendo que todo lo que hacemos en vida sobrevive a la eternidad. De ahí que debamos poner siempre lo mejor de nosotros en todo lo que hagamos, por egoísmo y en nuestro propio beneficio, y por generosidad, en beneficio de quienes nos acompañan con su compromiso. Si tiempo antes Madrid me había hecho un requiebro, ahora mi *50 x 15* me cantaba un chotis para la gloria del trabajo bien hecho de un equipo de Fuencarral que era, sencillamente, genial.

12

Nunca te fíes de nada, pero aprende a confiar en alguien

> «Quien a ser traidor se inclina, tarde
> volverá en su acuerdo».
>
> Tirso de Molina

En verdad, el concurso me dio todo lo que se puede soñar cuando eres niño: diversión, trabajo, dinero, reconocimiento y popularidad. Fueron años exultantes. El formato podría haber durado mucho más, pero, como se dice habitualmente, murió de éxito. Se sobreexplotó. Esta es una tentación a la que a menudo sucumben las cadenas. Y pasó con nuestro programa.

Al principio, se programó en el *access* de *prime time;* es decir, la media hora anterior al *prime time:* de las 20.00 horas a las 20.30, de lunes a viernes. Después, en la tarde de los sábados. Pero luego se empezó, se colocó en franjas puras de *prime time*. Al principio, los jueves. Más tarde se utilizó como recurso de última hora para sustituir a programas que se caían de la parrilla, y así fue como llegamos a la noche del domingo.

Era normal porque era fácil de producir y, además, había programas de sobra en la recámara. Pero, claro, como dice el refrán, lo poco gusta y lo mucho cansa. Y supongo que las preguntas, las cejas en movimiento (aunque luego el presidente José Luis Rodríguez Zapatero fue quien abusó realmente de ellas), la música, la tensión y el largo tiempo de espera hasta que se resolvía el acierto o el fallo de las preguntas acabaron por saturar, primero, y hartar, después, a nuestro fiel público.

Sin embargo, a pesar de cierto pesimismo que se instaló en la cadena, el formato seguía dando muestras de fortaleza. Es cierto que la contraprogramación de *Pasapalabra* en Antena 3 nos hizo daño. El formato que presentaba Silvia Jato fue poco a poco arañando puntos de *share,* y hasta llegó a situarse líder de audiencia por encima del *Millonario*. Aun así, el programa funcionaba muy bien. Pero, claro, había sido tan dominante de la franja durante años que no se supieron asimilar los números que daba en su última etapa. Como consecuencia, fue retirado de la parrilla diaria y emitido solo la noche de los jueves en *prime time*. Y en parte yo fui el responsable de que ocurriera así.

Verán, cuando llevábamos casi un año triunfando en audiencias, recibí una llamada de Antena 3 para ofrecerme presentar el nuevo concurso que habría de competir con el mío. Sí, en efecto, me ofrecieron presentar *Pasapalabra* en la competencia. Yo entonces no tenía contrato de cadena ni de larga ni de mediana ni de corta duración. Firmaba por temporada. Dicho de otra manera, habría sido fácil abandonar Telecinco e irme a la competencia, para terminar presentando otro concurso que, al menos a primera vista, tenía muy buena pinta. Y me habrían pagado bien. La oferta era buena, no irrechazable, como las de don Vito Corleone, pero francamente buena, muy buena.

No me lo pensé. El sentido de la fidelidad y el enorme agradecimiento que sentía por la cadena en que llevaba tiempo trabajando me llevaron a tomar la que consideré la mejor decisión en aquel momento: quedarme en Telecinco y continuar presentando *50 x 15*, que ya empezaba a subtitularse *¿Quién quiere ser millonario?,* según la traducción literal del formato británico original.

Bueno, pues esta decisión, que espero que les guste, y que no me llamen tonto del bote por ella, me llevaría tiempo después a quedarme sin trabajo. Porque *Pasapalabra,* como ya he dicho, nos superó. Pero no me arrepentí nunca. Es más, años después (ya lo contaré), volví a rechazar la misma oferta. Ya sé lo que están pensando: que solo el hombre tropieza dos veces en la misma piedra. Bueno, no sean tan duros conmigo. Tenía mis razones. Y espero que, llegado el momento, las entiendan y compartan.

El caso es que no me fui, Antena 3 produjo su *Pasapalabra* y mi amiga Silvia Jato tuvo su oportunidad para triunfar, y, de hecho, triunfó. Pero esto no significó el final de *50 x 15*. No. El final llegaría después, y, a mi modo de ver, de una manera injusta. Aunque en esto de la tele no es muy apropiado hablar de justicia o de injusticia.

La cadena había tomado la decisión de emitir el programa en la noche de los jueves, en *prime time*. Pero llegó el año 2001. El mes de septiembre. Y Televisión Española estrenó una nueva serie el mismo día de la semana y en el mismo horario que parecía hablarnos de los tiempos de Maricastaña. Que, por cierto, nunca he sabido quién era realmente Maricastaña. Y nos barrió en audiencia. Nos dejó un dato pírrico, y la cadena pensó que nuestro final había llegado. El *Millonario* se retiró y jamás volvió a emitirse en Telecinco. ¿Por qué digo que fue injusto? Porque nuestro dato pírrico fue fruto del estreno de una serie llamada a convertirse en un fenómeno televisivo y social.

La serie que nos arruinó la noche del jueves se llamaba *Cuéntame*. ¿Me entienden ahora? Hablamos de una serie que terminó durando veintidós años. ¡Veintidós! Era imposible competir con ella. Lo ideal habría sido cambiar de día la emisión del concurso, y a buen seguro que habría funcionado. Pero se retiró. Y fue un error.

Verán, en la noche de los jueves nos sustituyó en Telecinco una serie de estreno: *Hospital Central*. El resultado fue el mismo: perdió por goleada contra *Cuéntame*. Pero no la retiraron. Entre otras cosas porque ya tenían grabados los trece episodios. La cambiaron de día. La pasaron a los martes. ¿Resultado? *Hospital Central* se convirtió en un éxito que perduraría durante diez largos años en Mediaset, y convertiría a Jordi Rebellón en una estrella televisiva gracias al personaje del doctor Vilches. Si hubieran hecho lo mismo con nosotros, yo habría continuado presentando el concurso unos cuantos años más. Y creo que no me equivoco, y lo creo de verdad, porque solo tres años después, estando yo ya en Antena 3, se volvió a emitir el formato y se convirtió en un éxito incontestable, con audiencias cercanas a los cuatro millones de espectadores diarios, y un *share* cercano al treinta por ciento. Esto demostraba que cuando Telecinco enterró el programa, estaba enterrando a un muerto muy, pero que muy vivo.

El caso es que me quedé sin trabajo, dejé de divertirme, y dejé también de ganar dinero. Pero al menos me quedé con el reconocimiento por el trabajo hecho, y con la popularidad ya ganada. También tenía el cariño de la cadena. Esto me permitió quedarme a la espera de un futuro prometedor. Había estrenado en teatro, en Madrid, *Palabras encadenadas,* de Jordi Galceran, de la mano de Jesús Cimarro, que fue el primer productor teatral en confiar en mí, a ciegas; además, y había rodado alguna película de bajo presupuesto. Fueron experiencias bastante dispares.

Estrenamos en el Teatro Infanta Isabel y allí permanecimos cuatro meses de casi llenos, o de llenos maravillosos. La experiencia fue magnífica. A varios críticos teatrales les costó apreciar mi trabajo, pero el público aplaudió siempre a rabiar. En Madrid fue un éxito, y en gira también. Incluso puedo presumir de haber conseguido un premio como actor, el de Interpretación Fernando de Rojas de Toledo, compartiendo honores con la gran Núria Espert. Más feliz no se podía ser. Lástima que, en lo personal, aquella función supusiera casi mi defunción.

Me tocó compartir cartel con una actriz a quien yo no le gustaba como actor y a quien le caía mal como persona. La convivencia fue horrorosa. No había ensayo, que fueron mayormente en Barcelona, en que no me dijera lo malo que era como actor, o lo poco que le daba para poder alimentar su interpretación. No tuve suerte, como no la tuve con la directora de la función, que, plenamente consciente de lo que estaba pasando, fue incapaz de arbitrar, moderar o solventar el problema. Yo fui amargándome con el paso del tiempo y acabé por perder los papeles. Dejé de ser una persona educada porque la situación era insostenible. De no ser porque la actitud que tenía conmigo la protagonista la tenía también con otros miembros del equipo, habría llegado a pensar que el indeseable era yo y me habría ido a mi casa. Por suerte esto no ocurrió. Fue ella la despedida por el productor. Y esto permitió que conociera a una gran actriz y excelente persona, con quien después hice más de un año de gira por todo el país con *Palabras encadenadas*: Elisa Matilla.

En el cine no me fue tan bien. Yo era muy pardillo. Con poca experiencia y poco conocimiento del lenguaje cinematográfico, con lo que me resultó un medio demasiado complicado. Nunca terminé de sentirme a gusto. Los guiones tampoco me satisfacían, y era demasiado novato e inexperto para sugerir cambios u ofrecer mejoras a los diálogos ya escritos. Hice, además, películas poco afortunadas y de escaso presupuesto. Encontrar una dirección de actores me habría salvado quizá, no lo sé, pero el caso es que tampoco la tuve, y aunque no creo que hiciera el ridículo en ninguna de aquellas películas, sí es verdad que todas resultaron prescindibles. Al menos tanto como mi propia presencia en ellas.

Lo que quedaba claro después de estas experiencias es que el gusanillo de la interpretación volvía a picarme de forma severa. Esto significaba que mis ganas de volver a ser actor se hicieron mayúsculas. En ese momento, desde el departamento de ficción de Telecinco, se me propuso trabajar conjuntamente en una serie que había sido ideada por ellos, y que iba a versar sobre una pareja que convivía con hijos procedentes de relaciones anteriores de ambos. Me sonaba un poco al fallido intento de *Quítate tú para ponerme yo*, pero Miguel Morán, entonces director de Estudios Picasso, me convenció del interés del proyecto. Yo colaboraría en el desarrollo del guion a través de mi propia productora, y, en caso de aprobarse el piloto primero y la serie después, tendría la oportunidad de producir la ficción para la cadena. El planteamiento era atractivo y las expectativas maravillosas porque, al fin y al cabo, trabajaba en estrecha colaboración con la cadena que tendría que tomar la decisión sobre su viabilidad.

Así pasé unos meses en los que no trabajaba ni ganaba dinero, pero estaba muy entretenido, por no decir excitado, gracias a un proyecto tan atractivo como producir y protagonizar una serie de *prime time*. Por otro lado, la dirección de la cadena, en la que ya estaba en su apogeo máximo Paolo

Vasile, me hizo dos ofertas para formatos de entretenimiento sensacionales, de esas que uno sueña despierto y que rara vez llegan.

La primera era presentar, recuperado y modernizado, el ya conocido *Moros y cristianos*. No me vi. Pensaba en el debate llevado hasta la extenuación y no terminaba de encontrarme a gusto. Llegó a llamarme personalmente Joan Ramon Mainat, al que muchos consideraban el auténtico genio de *Crónicas marcianas* y por ende de la productora Gestmusic. Charlé un rato largo con él. Fue la primera y única conversación que mantuvimos, porque terminé declinando la invitación para presentar el programa y él moriría poco tiempo después. Jamás pude conocerlo personalmente. Me apenó, porque aquel día estuvo encantador conmigo. Fue un total seductor. Como Antonio Cuadri unos años antes, me llevó al huerto. Solo mi afán por protagonizar la serie me permitió mostrarme firme en mi negativa. Me daba miedo que presentar el programa pudiera impedirme ser actor al mismo tiempo. Esto ocurre en nuestra profesión: te encasillan, te clasifican, te colocan en compartimentos estancos y se resisten a permitir que salgas del cauce asignado y te atrevas a hacer cosas que, según una ley no escrita, no te está permitido hacer. Recuerden cuando me preguntaban qué hacía un actor presentando, primero, y qué hacía un presentador actuando, después. El deseo de actuar me mantuvo firme, pero sufrí diciendo no, y siempre sufriré pensando que no pude llegar a trabajar con quien se convertiría después en una leyenda televisiva.

Si pensaba yo que aquel iba a ser mi último envite, estaba completamente errado. Poco después, los directivos de Mediaset Álvaro Augustin, Massimo Porta y Miguel Morán, que ya habían visto el piloto de nuestra serie y mostrado su aprobación (aunque de forma oficiosa), me convocaron al despacho del primero para hacerme una propuesta que nadie jamás entendió que rechazara. No lo entendió mi familia, ni mis amigos, ni los responsables de la cadena, ni mis compañeros de profesión, ni la prensa, ni don Vito resucitado, ni nadie que hubiera llegado del planeta Marte aquel día. Álvaro Augustin tomó la palabra, me miró fija e inquietantemente a los ojos, y me ofreció el programa. Sí, así dicho está bien, «el programa». Esperen, aún mejor: me ofreció EL programa. Unos meses antes, el mismo brote que tenía yo con la idea de trabajar como actor lo había sufrido Mercedes Milá con la idea de regresar a programas de corte más periodístico. La conclusión de su brote fue el abandono de EL programa que había revolucionado la televisión no ya en España, sino en todo el mundo en el año 2000. El que había abierto la puerta al siglo XXI, el que suponía un antes y un después en la historia del medio. Mercedes había abandonado, sí, en efecto, sin duda increíblemente, *GRAN HERMANO.* Y los directivos de Telecinco, que podían elegir el comunicador que quisieran, que podían elegir entre lo más granado del planeta estelar de la televisión de España, habían tomado la decisión de ofrecerme a mí que lo presentara.

Vale, confieso que no sé si antes se lo habían ofrecido a otras personas que habían dicho que no, pero el caso es que allí, en aquel despacho, rodeado por la directiva en pleno, la oferta me llegaba a mí. Estoy seguro de que cualquiera que hubiese escuchado la oferta habría aceptado sin pensarlo. Yo soy del norte, y tampoco pienso tanto, pero aquel día decidí que era mejor pensarlo. ¿Por qué? Pues probablemente porque, a pesar de tener ya los cuarenta cumplidos, aún no tenía la experiencia suficiente para tomar decisiones con rapidez; o porque aquel día estaba especialmente lerdo (porque lerdo, la verdad, estoy casi todos los días) y no me daban las neuronas para decidir nada. O porque soy cobarde, y la cobardía se impuso una vez más; o porque yo quería ser actor y no quería enredarme más de la cuenta… O lo que fuera.

El caso es que creí que era mejor pensarlo y contestar al día siguiente. Uno cree que, si se retira a sus aposentos a pensar, le va a ir mejor. Pero lo cierto es que cuando no dices un sí desde el principio, alto y claro, si esperas, se vuelve más difícil pronunciarlo. A mí me pasó.

Salí del despacho del señor Augustin flotando, casi levitando. Me habían ofrecido presentar el programa que lo petaba no ya en la cadena, en toda la tele. Hacía audiencias cercanas al setenta por ciento. Era un fenómeno absoluto. Después de hacer *50 x 15,* presentar *Gran Hermano* podía ser el espaldarazo definitivo a mi carrera. De hacerlo bien, sin duda, podrían ser años de trabajo a futuro, estabilidad laboral y felicidad casi absoluta. De hacerlo mal, a la calle y estigmatizado, claro. Pero nada de esto fue suficiente. Yo no paraba de pensar en Mercedes. Su sombra fue alargada para mí. Sustituirla se antojaba prácticamente imposible. Lo había hecho tan bien, había hecho el formato tan suyo que el público asociaba las dos marcas de forma indisoluble: Mercedes y *GH*; *GH* y Mercedes. Yo entraría como un elefante en una cacharrería. Todo el mundo miraría con lupa mi trabajo. Sí, me sentí inseguro. No confié en mi experiencia y en mis posibilidades y me dio miedo. Otra vez más. Por otro lado, llevaba meses preparando los guiones de la serie que quería hacer con Telecinco. Habíamos empezado ya a grabar el piloto, y había comprometido a los actores e ilusionando a mucha gente. Pensé que, si presentaba *GH*, podía poner en peligro mi posible carrera como actor. Sacrifiqué una realidad por un futurible. Quizá me equivocaba, pero apostar también significa eso: proyectar sobre el futuro, visualizar posibilidades y elegir estratégicamente entre opciones que están en el aire, sin materializarse.

No respondí al día siguiente. Esperé, medité, consulté. Fui prudente. Además, aquellos maravillosos profesionales me habían hecho un extraordinario regalo. Yo tenía que mostrar el respeto y el agradecimiento que se merecían. Por eso, no era oportuno contestar precipitadamente. Por fin, pasadas cuarenta y ocho horas, hablé con los directivos y les trasmití mi decisión: no iba a presentar *GH*. Creo que no me comprendieron. De hecho, dejaron de hacerme ofertas. Se cerró la puerta. Supongo que pensaron que no sabían ya qué ofrecerme que yo pudiera aceptar. De esta manera, mis esfuerzos se concentraron en continuar con la serie cuyo piloto ya habíamos terminado.

Si creía que aquel iba a ser mi mayor envite, me equivocaba de nuevo. La vida había decidido que una tercera tentación debía ser servida. Pero esta vez la tentación no vino de Telecinco, sino de la competencia. No recuerdo si corría el mes de mayo o el de junio del año 2002, tal vez corrían los dos meses porque aquel asunto, desde luego, se me hizo largo y difícil de digerir. Habíamos entregado el episodio piloto de nuestra serie para Telecinco, y me encontraba esperando el veredicto final. ¿Se hacía o no se hacía? Total, que estaba muy nervioso, poco estable y, además, recién separado de quien había sido mi mujer hasta ese instante. No estaba yo como para echar cohetes, vamos. Y entonces tuvo lugar un fenómeno incontrolable: Ana Obregón. Sí, sí, la mismísima Obregón. La del conde Lecquio, la actriz de *El Equipo A*. La de *¿Qué apostamos?,* la de los posados veraniegos en bikini, la estrella del papel cuché, la mujer que ha compartido los últimos años su dolor por la muerte de su hijo con todos nosotros, y también la alegría de tener una hija-nieta.

Al parecer, Ana había escrito de puño y letra la biblia básica de una serie que ella misma quería protagonizar. Y como suele ocurrir con las estrellas que tienen alta la autoestima, la había presentado al director de contenidos de Televisión Española. Tenía por aquel entonces el canal público buenas ideas en ficción; de hecho, recordemos que *Cuéntame* se había estrenado precisamente en abril de ese mismo año. La serie, o la biblia inicial, no debía de estar mal escrita porque en la Española decidieron comprarla. Iba a llamarse *Ana y los siete.*

Hasta aquí bien. ¿Qué tiene que ver esto conmigo?, se preguntarán ustedes. Bueno, por lo visto, a alguien se le ocurrió que el protagonista masculino de aquella serie podía ser yo. Exacto, el protagonista. El hombre que contrataría a Ana como educadora de sus hijas. No me pregunten por qué. No lo sé. Pero era un halago en toda regla, ¿no? Yo me dejé querer. Normal, no tenía contrato de cadena y, de hecho, no hacía nada para Telecinco, salvo la serie cuyo piloto estaba pendiente de aprobación. Bueno, y una gala de la publicidad que me dio la oportunidad de conocer y trabajar con Judit Mascó, una modelo soberbia, una mujer extraordinaria y una buena compañera, con la que disfruté en el directo de la gala.

Por cierto, que me impresionó el trato de estrella que le dieron. Me recordó al que había visto dispensar a María Teresa Campos en el estreno de un programa en Fuencarral. Ramos de flores, atenciones, la modista y la sastra siempre con ellas. Maquillaje detrás de ellas, pendientes de la mínima gota de sudor. En fin, nada que ver conmigo. Siempre llego, aún hoy, solo a los platós, y vivo sin regalos y atenciones los preparativos de la grabación o del directo. Yo es que, además, ni siquiera paso por maquillaje, así que imaginen. No me gusta estropear la belleza genética que el señor me otorgó. Eso sí, una azafata de Mediaset está siempre pendiente de mí en estos últimos años. Naiara, se llama, y es una profesional maravillosa.

¡Ah, y también hice una gala de Miss España en 2002! Lo recuerdo porque no llegué a conocer a la productora (que se negó a verme porque yo le caía fatal), y que terminó siendo la mujer de mi vida.

Pero volvamos a la historia. Yo me estaba dejando querer. Acudí a grabar una secuencia, con separata incluida, del primer capítulo de la serie con la propia Ana Obregón. Nos llevó media hora hacerlo, y la verdad es que me lo pasé divinamente. En él ya se entreveía la relación de tensión sexual no resuelta que había entre los personajes protagonistas, el de Ana y el mío. Tras hacer la prueba, pensé que dejarían de interesarse por mí. No es que lo hiciera mal, no. De hecho, me salió bastante bien, pero seguro que en paralelo (es lo normal) estaban rodando pruebas con otros tantos actores. Me relajé y seguí a la espera de la fumata negra.

Me equivoqué. Como siempre, vaya. O como casi siempre. Me volvieron a llamar, y con más interés si cabía. Y en paralelo a las llamadas artísticas se produjeron las llamadas desde los despachos. Todo eran bendiciones y presiones. «Tienes que hacer esta serie», me decían. «El papel parece estar hecho para ti», «Hacéis muy buena pareja Ana y tú». Me llamaban todos, incluidos el dueño de la productora, el productor ejecutivo de la serie y la propia Ana Obregón. Lo pasé mal. Me daba cuenta de que me estaban ofreciendo un trabajo muy atractivo en un canal que en aquel momento era de los grandes (aún emitía publicidad), con tratamiento de estrella y con muy buenas expectativas de futuro y sostenibilidad, como se dice ahora. Y para colmo, en Telecinco estaba sin contrato, sin seguridad y sin respuesta sobre la viabilidad del proyecto presentado. Pensé que Dios aprieta, pero no ahoga, aunque este pensamiento me duró un día, porque al siguiente Dios empezó a ahogarme. Bueno, fue la responsable de entretenimiento del canal público, que empezó a llamarme con insistencia para hablar de mi futuro en TVE. Episodios muy bien pagados (yo no había visto tales cifras en mi vida; y, por cierto, no las he vuelto a ver: siempre digo que llegué tarde a la época de los grandes contratos, y demasiado pronto a la de los *influencers)* y la posibilidad de acompañar la serie con un contrato como presentador para hacer *prime time* en la cadena.

Sumaba los potenciales económicos y me hacían chiribitas los ojos. Madre mía, qué presión, qué ofertón y qué duda existencial. Fueron cerca de diez días de oferta, resistencia, negociación, contraoferta y más resistencia de auténtico infarto. Ya saben ustedes lo que pasó, ¿verdad? En efecto, dije que no. ¡Por los clavos de Cristo, dije que NO! Sé lo que están pensando: «A ver, Carlos, estabas sin contrato en Telecinco, sin trabajar, sin compromiso para hacer tu serie en la cadena de Mediaset, con una oferta artísticamente muy molona y extraordinariamente bien pagada..., ¿y vas y dices que no? Tú eres tonto, hijo».

No puedo culparlos por pensar que soy tonto. Yo lo pienso a menudo. No por aquello, o al menos no solo por aquello, sino por muchas cosas más. Pero como las apariencias engañan (o eso espero), con frecuencia paso por listo, a pesar de lo tonto que soy. Pero sí, no perdamos de vista lo esencial: dije que no. ¿Hice bien? Bueno, cuando una puerta se cierra, otra se abre. Pero en mi caso tampoco. Yo cerré la puerta de Televisión Española, y poco después me cerraron la puerta de Telecinco.

Verán, yo tenía claros mis porqués. Para empezar, había involucrado a mucha gente en aquel proyecto de serie para Telecinco. Actores, actrices, guionistas, técnicos… Todos habían renunciado a hacer otras cosas por la ilusión de trabajar conmigo. Los había convencido de que era un proyecto espectacular, EL proyecto. ¿Y ahora iba a marcharme a otra cadena porque me ofrecían algo supuestamente mejor y me pagaban más dinero? Me sonó a traición, y yo no soporto la traición. Además, llevaba meses trabajando con Estudios Picasso en el desarrollo de la serie, y me parecía traicionar también a Telecinco si me iba a *Ana y los siete*.

Respeto hacia los demás y hacia a mí mismo fueron las razones que motivaron mi no a Ana Obregón. No recuerdo el día, pero sí la llamada telefónica desde la productora. Yo había pedido un plazo de cuarenta y ocho horas para meditar, y lo respetaron. Cuando el teléfono sonó, tragué saliva. Me hicieron la pregunta del millón, mejor dicho, de «los millones», y dije no. Colgamos. Respiré. Y volvió a sonar mi teléfono. Temía que quisieran insistir, pero no: era Paolo Vasile, el consejero delegado de Mediaset, el jefazo en persona. Me llamaba para darme las gracias por no aceptar la oferta de la competencia. Me dejó helado. Y preocupado. ¿Cómo se había enterado? ¿Desde cuándo lo sabía? ¿Por qué no habían actuado antes? ¿Estaban intentando comprobar mi grado de fiabilidad o de lealtad? ¿Era todo aquello una cámara oculta? Creí que había actuado con toda la discreción del mundo, pero obviamente otros no lo habían hecho. O tal vez nadie lo hizo. ¿Desde cuándo sabrían en Telecinco lo que estaba pasando? Aquella noche no dormí. Me sentí vigilado, carente de refugio y totalmente vulnerable. Al menos, si se había esfumado la oportunidad de volar hacia otro canal, me quedaba el sueño, mi sueño, de poder triunfar con una serie de producción propia en el canal que me había visto nacer a nivel nacional: Telecinco.

Pero Paolo Vasile tomó la decisión de cambiar su equipo directivo. Ya se había marchado Massimo Porta a Italia, y decidió fichar a Manuel Villanueva, que gozaba de un gran prestigio. De hecho, demostró ser un baluarte, y desde aquel año ha permanecido al frente de la dirección de contenidos de la cadena, a la que ha ayudado a alcanzar años de liderazgo absoluto hasta hoy. Hay que ser realmente bueno para conseguir esto.

Por mí no había ningún problema. Conocía a Manuel, me caía bien, y no tenía por qué esperar ninguna sorpresa. Pero la sorpresa llegó. Habían presentado una serie a la cadena con una temática muy parecida a la de la mía: *Los Serrano* era su título. Fue un gran éxito, ¿se acuerdan? Yo me acuerdo de maravilla. ¡Cómo para no acordarme! Estuvo años en antena y compitiendo con otro gran peso pesado: *Aquí no hay quien viva* de Antena 3. Entre ambas llegaban al sesenta o setenta por ciento de audiencia. Vamos, que barrían a cualquier otro del panorama nacional.

Como ven, por segunda vez la Globomedia de Emilio Aragón se cruzó en mi camino. A ver, que el pobre Emilio no tenía culpa de nada. Además, en su empresa cumplían con su obligación: crear productos y después venderlos. No como yo, que los creaba pero no los vendía nunca. Sin quejas. La televisión es muy competitiva. Nada es seguro. He visto renovar programas un martes para ser cancelados un jueves. Las cositas van rápidas. Y tu zona de confort desaparece con la misma rapidez que un caramelo a la puerta de un colegio.

Pero me sentí muy decepcionado, sobre todo después de mi gesto de lealtad hacia Telecinco al no haberme ido a la Española. No me sentí correspondido ni recompensado. No entendí que aquello hubiera pasado. Me despedí. Me marché, y con una puerta cerrada después de cerrar yo la otra, me fui a Cuba recién divorciado.

13

No hay papeles pequeños, ni cadena de televisión sin posibles

> «Un gran hombre siempre está dispuesto
> a ser pequeño».
>
> Ralph Waldo Emerson

Siempre he odiado a los artistas, con independencia del género, que se niegan a hacer papeles pequeños porque les parece que eso los convierte en actores o actrices pequeños. Nada más lejos de la realidad. Los papeles son los que son, duran lo que duran y son igualmente difíciles de hacer para un buen profesional y para uno malo. O igual de fáciles. A veces, un papel pequeño te permite brillar más que un protagonista. Y de esa forma creces, aprendes, experimentas y acabas aplicando tus nuevos conocimientos a papeles futuros. Si te los dan, claro. Porque nuestra profesión, aunque parece que ahora está de dulce gracias a las plataformas, nunca tiene trabajo para todos.

Yo ya estaba fuera de Telecinco. Al principio no me agobié demasiado. Bueno, en verdad no llegué a agobiarme en ningún momento. Estaba muy ocupado pasando el duelo. El golpe había sido importante y me costó un tiempo asimilarlo. Creo que los duelos conviene pasarlos. Esos que están todo el día diciéndote «venga, anímate, que no ha sido nada, hombre», etcétera, me cargan un poco y me parecen muy poco empáticos.

Además, no pasó mucho tiempo antes de recibir una llamada de Antena 3. El teléfono, por lo tanto, no dejó de sonar, que ya hemos dicho que es la causa de nuestro mayor pánico. En esta ocasión me ofrecían presentar un magacín de mañana para competir directamente contra María Teresa Campos, que entonces era la reina de las mañanas desde Telecinco. La idea me hizo gracia porque me permitía servir mi venganza en un plato frío. Ya me veía triunfando por las mañanas y retirándole la corona a la bella dama. Pero ya saben que me gusta pensarme las cosas. Así que dije que la oferta era de mi agrado, que en principio podría aceptarla, y que me dejaran un poco tranquilo porque había planificado unas vacaciones en Cuba, y bajo ningún concepto quería perdérmelas. Incluso llegué a pasar por el despacho, en San Sebastián de los Reyes, del consejero delegado de Antena 3, Ernesto Sáenz de Buruaga, quien había presentado los informativos nocturnos de la cadena haciendo célebre aquella frase de «así son las cosas y así se las hemos contado».

Me caía bien. Estuvo educado conmigo y muy atento. Me dio la bienvenida a la cadena y todo. Pensé en qué momento había dicho que sí, que sin duda me iba con ellos a presentar las mañanas. No lo recordaba. Recordaba haber sido intencionadamente difuso y casi confuso. Pero cuando escuché al señor Sáenz de Buruaga diciéndome «bienvenido», me entraron dudas... Así que tocaba huir.

Me fui a La Habana con un buen amigo. Objetivo: superar el despecho profesional. Y no, no lo superé. Como tampoco superé todas las dudas que tenía con las mañanas de Antena 3. ¿La sombra alargada de María Teresa Campos? No, para nada. Pero el contenido de los programas de mañana, y ahora de sobremesa y de tarde, porque son todos iguales, con independencia de la hora y de la cadena, no me atraía mucho.

Hablar de crónica social, o de sucesos, o de política no era la mejor de mis opciones. A mí me gustaban los concursos porque los concursos te acercan a la calle. Ves gente real. Y la gente real es natural y te sorprende. Y juega contigo con naturalidad, con espontaneidad. El concurso te permite también ser creativo. Improvisar, soltar gracias, preguntar por la vida cotidiana, ser muy natural, huir de la impostación, y otras muchas cosas más. Me sentía muy a gusto en un concurso. Otra ventaja que tienen es que, aunque divagues lo que quieras, tienen una estructura que siempre te permite volver al hilo de la cuestión. La mecánica del concurso, sea cual sea, te permite navegar en el proceloso mar de un programa sin perder el rumbo que te lleva a tu destino final.

Entras y sales. Es pura maravilla. Y tu lenguaje puede ser coloquial, como tu actitud.

Se lo que están pensando. Este Carlitos volvió a decir que no, ¿a que sí? Pues tienen razón: volví a decir que no, y para colmo a destiempo. Me fui a La Habana. Lo pasé genial. Y me entraron ganas de no volver. Bueno, de no volver tan pronto a Madrid, porque de volver sí que me entraron ganas. Cuba está muy bien de visita, pero quedarse allí no es el plan perfecto. Salvo que te gusten las estrecheces económicas y seas de pensamiento único, y, por lo tanto, de los que no sufren con la desgracia ajena. No, como ir a República Dominicana no es. Total, que desde La Habana, un día me armé de valor, llamé, y dije que me lo había pensado y no iba a aceptar la oferta. La que se montó fue de aúpa. Sonaban los improperios al otro lado del Atlántico. Al parecer, todo estaba ya muy avanzado. Se había elegido al redactor jefe e incluso al director, y se había empezado a trabajar en la línea editorial, el diseño de contenido, la escaleta básica, la cabecera, el diseño gráfico, los colaboradores, y toda la mandanga que exige un programa de estas características destinado a reinar en una franja de escaso valor comercial, pero de gran valor político. Y es verdad, las reinas de las mañanas difícilmente llegan al medio millón de espectadores. Por eso hablo de escaso valor comercial. Además, esos espectadores suelen ser personas mayores y, por lo tanto, fuera del TC, o *target* comercial, más ambicionado, que no es otro que el de los jóvenes, especialmente los comprendidos entre los veinticinco y los cuarentaicinco años. Sin embargo, los comunicadores de dichas franjas coleccionan muchos contactos políticos, son invitados a recepciones reales, al palacio de la Moncloa, se relacionan con políticos de gran influencia, y son venerados en el mundo del periodismo, de la política y de la comunicación en general.

Así pues, todo listo para dar el pistoletazo de salida, y yo tan tranquilo, a diez mil kilómetros de distancia, y bajándome en marcha del proyecto. Me pusieron en una lista negra y todo. Lo entendí, y jamás se lo reproché, ni a la cadena ni a los profesionales que pudieran haberse enfadado por mi decisión. Estaban confiados en que ficharía con ellos, y yo volvía a dar la espantada. Eso sí, al menos lo hice con tiempo suficiente para que buscaran un sustituto, que acabó siendo Juan Ramón Lucas, creo; pero, aun así, mal por mi parte. Esa noche, en mitad de una velada húmeda como ninguna, que me oprimía el corazón y me dificultaba la respiración, salí a escuchar jazz en vivo y en directo, que es como hay que disfrutar del arte en general. Cuando llegué a la casa en que me hospedaba sobre las tres de la madrugada, me puse a Compay Segundo para conciliar el sueño y fui consciente de que la había pifiado.

Al poco tiempo regresé a Madrid a sufrir los rigores de las semanas postreras del verano, y me dediqué a relajarme sin más. No tenía en ese instante ni oficio ni beneficio. Pero en poco tiempo, descansado y concentrado, me proponía abordar el análisis de mi inminente futuro.

Y Telecinco me echó una mano. Era cosa del karma, seguro. Como me habían dejado ir en aquellas condiciones y perdiendo un contrato millonario, la cadena tomaba una decisión de parrilla que me iba a abrir la puerta que en su momento no se me abrió. ¿Volvería a Telecinco? No, no es eso.

La directiva había decidido recuperar el formato de concurso para el *access* de *prime time* de la cadena, el que en aquello años iba de las 20.00 a las 21.00 de la noche. Ahora el *access* va desde que acaban los informativos hasta las 23.00. Este retraso del *access* y del *prime time* coincide con otros muchos «retrasos» que el país ha ido sufriendo en los últimos años, como el de los valores, uno de los más importantes, por cierto. Pero volvamos al concurso. No recuerdo el nombre. Podría investigar para ponerlo en este libro, pero hoy tengo el día flojo y no me apetece mucho googlear. El caso es que, para presentar el programa, Telecinco pensó en un incipiente presentador vasco, Jorge Fernández, que estaba triunfando en Euskal Telebista con un formato desenfadado: *Date el bote.* Jorge recibió la llamada de la cadena y adivinó un futuro halagador y risueño. Aceptó, pues, irse hasta Madrid y comenzar una carrera como presentador nacional. Esto hizo que *Date el bote,* con audiencias cercanas al treinta por ciento, se quedara sin cabeza de cartel. Y aquí es donde entro yo. Peio Sarasola, director de programas de la televisión vasca, que me conocía del programa de la pira funeraria, o sea, *Arde la tarde,* y que se había enamorado de mí como conductor gracias a *50 x 15,* pensó que podía ser el recambio ideal. Además, yo era de la tierra y ya había trabajado en el canal. Conclusión: me llamaron. La oferta fue firme desde el principio, y desde el principio, mi entorno, firme en desaprobar el proyecto.

Todos me decían lo mismo. Ahí van a modo de ejemplo algunas de las frases más alentadoras que me dedicaron amigos, conocidos y profesionales del medio: «Pero, hombre, después de haber triunfado a nivel nacional, con todo tu potencial, ¿vas a volver a un canal pequeño como es ETB?». «Eso es rendirte, no dar valor a tu carrera, retroceder en tu progreso». «Te va a costar muchísimo regresar al ruedo nacional. Una vez que sales de la noria, ya cuesta mucho volver a entrar en ella». «¿Sí, de verdad vas a hacer eso?». «Con lo mal que se portaron contigo, y vas a volver allí...». «Pero ahora que por fin vives en Madrid, ¿te vas a ir a trabajar a Bilbao? Joder, macho, siempre al revés». Fue supergratificante escuchar todos estos consejos. A cualquiera que no lo tuviera claro, lo habrían hundido en la miseria. A mí no. Yo lo tenía muy claro. Y lo tenía muy claro por dos buenas razones: la primera, que había visto el programa y me parecía harto fresco y divertido. Era un formato distinto. De los que te hacen para pasar un buen rato y hacen felices al concursante y al público.

La segunda, que conocí a Iñaki Ruiz, su director. La conexión con su personalidad y su sentido del humor fue inmediata y brutal. Era un cachondo mental. Irreverente, políticamente incorrecto, de los que no se casan con nadie, con un espíritu crítico extraordinario, con una inteligencia excelsa, puñetero hasta la saciedad, y con un sentido del humor absurdo y/o surrealista encomiable. Todo lo sacrificaba por un buen gag. Era un profesional de los que ya no quedan. Las posibles dudas (que no las tuve nunca) se disiparon al conocernos. Mi decisión fue irrevocable: volvía a la tele que me había visto nacer y morir casi al mismo tiempo.

Otra vez fui a contracorriente. ¿A que ahora se empieza a entender mejor lo del título que le he puesto al libro? Y no me equivoqué. Yo sabía que me tocaba bailar con la más fea. Cuando un formato funciona, y aquel funcionaba porque llegaba a alcanzar el treinta por cierto de *share,* debe seguir funcionando cuando lo presentas tú. Y si no es así, ya sabes que el único responsable del fracaso eres tú. Porque no ha habido ningún otro cambio salvo tú. Así que tenía quizá poco que ganar, salvo trabajo y dinero, y mucho que perder, prestigio y solvencia, sobre todo.

Estrené mi fase de conductor de *Date el bote* en el mes de octubre, y ya en la primera semana de emisión logramos alcanzar cuotas de audiencia que llegaron al treinta y cuatro por ciento. Una brutalidad. Fuimos líderes de la franja y seguiríamos siéndolo durante ocho años más, que es el tiempo que estuve al frente del programa junto a un equipo maravilloso que siempre llevaré en el corazón, y junto a Iñaki Ruiz, a quien admiré hasta el día que nos abandonó para siempre.

Es más importante a veces a quién se gana que lo que se gana, como diría el gran ciclista Eddy Merckx. *Date el bote* era líder de audiencia en Euskadi, en competencia con María Teresa Campos en Telecinco, Carlos Arguiñano, entonces en TVE, y *Los Simpson* en Antena 3. Tres auténticos pesos pesados que siempre fueron por detrás de nosotros en rendimiento comercial y social. Conmigo de presentador, el concurso duró desde el otoño de 2002 hasta enero de 2010. En el último año ya había bajado su rendimiento en términos de audiencia, pero seguía siendo de lo más visto en ETB. La razón de su desaparición fue más política que de rendimiento. ¿Política, dices? Sí. En el año 2009 el Partido Socialista de Euskadi conseguía un hito histórico al ganar las elecciones, y eso conllevaba una nueva dirección del ente de radiotelevisión pública. Ocurre a veces que quienes gobiernan quieren tener también sus programas en la tele, y para ello necesitan huecos en la parrilla. Cuando no los hay, se crean. Y la franja del mediodía era muy atractiva para contenidos de corte informativo, de crónica social y política. Así que *Date el bote* desapareció. La revista que nos sustituyó jamás alcanzó nuestros niveles de audiencia. Pero así es la vida. La tomas o la dejas. Claro que también puedes aspirar a transformarla.

Volviendo al título de este capítulo, «No hay papeles pequeños, ni cadenas de televisión sin posibles», quiero acabar diciendo que *Date el bote* es de los pocos programas en mi carrera, y creo que en general, que se convirtió en viral, y cuya viralidad en las redes se sigue manteniendo a fecha de hoy, en el año 2024. No dejan de preguntarme por él. No dejan de comentar mis ataques de risa veinte años después. Aún permanece el eco de respuestas hilarantes de los concursantes de entonces. Y siguen rulando estos contenidos de la primera década de este siglo entre chavalería, incluso en la que ha nacido después de acabada su travesía. Pero no solo esto. Déjenme decirles que ningún otro programa me dio a conocer fuera de España como *Date el bote*. Paradojas de la vida. He trabajado para las principales cadenas nacionales, he hecho programas que me han convertido en lo que soy con gran aceptación del público, pero ninguna de ellos me ha dado notoriedad más allá de nuestras fronteras. Normal, porque los programas que yo presentaba no gozaban de derechos para su difusión internacional. Ni *Atrapa un millón,* ni *50 x 15,* ni *Supervivientes,* ni *First Dates,* ni *Volverte a ver…* Pero *Date el bote* se emitía por cable en muchos países latinoamericanos. Y eso me dio notoriedad.

Una de las mejores anécdotas que me han ocurrido tuvo lugar cerca del cañón del Colca, en Perú, cuando Patricia y yo íbamos hacia Machu Picchu, uno de nuestros lugares mágicos del mundo. Pararon en el aparcamiento del restaurante donde comíamos dos autocares con estudiantes peruanos quinceañeros. No temí nada porque pensé que nadie me conocía en Perú. Craso error. Aquellos adolescentes, según bajaron del autobús, me llamaron por mi nombre y mi apellido. Fue maravilloso, por inesperado, sentirse reconocido y querido. Una sensación mágica, natural, humana. Después, en Lima, una tarde que salí a un quiosco a comprar chicles y caramelos, vi que dos personas que me daban la espalda y no podían verme se giraron para saludarme con una inmensa alegría porque habían reconocido mi voz. Y en todos estos casos yo no era Carlos Sobera, no a secas: era Carlos Sobera el de *Date el bote.*

Una prueba máxima, pues, de que no existen papeles, ni programas, ni canales pequeños. Desde los lugares más recónditos, con los proyectos más minúsculos, puedes alcanzar los confines del universo si hay talento, trabajo, humildad, respeto y acierto. Y el equipo vasco de *Date el bote* tenía un inmenso talento que nos hizo triunfar a todos, y a mí con ellos y gracias a ellos.

¿Qué habrían dicho todos aquellos que me conocían y me aconsejaban no ir a ETB y no hacer el programa de haber sido testigos de estas reacciones a más de trece mil kilómetros de distancia? Seguro que habrían sonreído y lo habrían celebrado, porque, aunque estuvieran equivocados, me aconsejaron por amor. Y eso es algo que hay que respetar y cuidar.

14

ELLA

«[…] olvidar el provecho, amar el daño;
creer que un cielo en un infierno cabe,
dar la vida y el alma a un desengaño;
esto es amor, quien lo probó lo sabe»

LOPE DE VEGA

Dicen que la canción *Ella* del maestro Alejandro Sanz habla de la mujer que se puede llegar a conocer, incluso de la que se conoce sin llegar uno a darse cuenta. A darse cuenta de que Ella es… ¡el amor de tu vida! Me enamoré alguna vez. Pocas. Si tuviera que hacer memoria, y quitados los amores platónicos de «señoritas» y profesoras, diría que cuatro veces sentí que «un cielo en un infierno cabe».

Muchas veces me ha atraído una mujer: por su belleza, por su inteligencia, por su simpatía, por su mirada… Pero enamorarme solo, o tal vez tanto, como cuatro veces. Sin embargo, siempre tuve dudas sobre si la mujer que mi alma elegía era o no la mujer de mi vida. Siempre tuve dudas…, hasta que conocí a Patricia.

Nos unió el trabajo. Yo ya me había vengado de Telecinco (en sentido metafórico y dicho con enorme cariño porque Telecinco fue, es y será siempre mi cadena), y estaba trabajando para lo que hoy es Atresmedia, antiguamente Antena 3. Iban a hacer un especial para conmemorar al gran Tip como cómico excelso del humor español. Antena 3, concretamente Paco Díaz Ujados, decidió que yo debía presentarlo junto a una incipiente estrella televisiva que luego ha tenido y tiene muchos días de gloria merecida: Eva Hache. Me citaron en el edificio de Torrespaña, donde el productor del programa, Valerio Lazarov, personaje mayúsculo de la televisión en España, tenía su oficina. Yo recordaba aquel edificio, había estado en él casi diez años antes, con mi compañero Koldo Azkarreta, a venderles alguno de nuestros formatos. No llegué a conocer a Lazarov en aquella ocasión. Debió de recibirnos, en la puerta de su oficina, que me pareció inmensa, alguna «delegada de producción» de *prime time,* que era como se llamaba a la productora. Pero en aquella ocasión, Valerio quería conocerme y charlar conmigo. Uno o dos años antes había intentado contratarme para presentar un concurso de preguntas para niños. No lo vi claro y no acepté con alguna excusa. Acabaría presentando aquel concurso el actor Carlos Larrañaga.

Supuse que Valerio quería saber si me gustaba el programa. La verdad es que era una gala como tantas otras, y el homenaje a Tip como referencia me encantaba porque él siempre me había entusiasmado. No me parecía, pues, inquietante la entrevista. Yo estaba entregado a la causa y, además, recién llegado a la cadena, no pensaba en ser exquisito ni en poner pegas a nada. Esto pensaba decirle yo al señor Lazarov con la mejor de mis sonrisas.

Cuando llegué, me dijeron que el famoso realizador estaba en una reunión y que pronto me recibiría. Me invitaron a esperar en una sala contigua, y me ofrecieron una bebida. Bueno, pensé, una vez más me toca esperar. Hay que ver, en general, cuánto esperamos en la vida. En mi profesión, de hecho, se dedica más tiempo a esperar que a trabajar. Y esto lo dificulta todo mucho más si cabe, porque en los tiempos eternos de espera no puedes dejar de estar preparado. Toda tu tensión tiene que estar presente, sin despilfarro de energía. Porque cuando por fin te toque trabajar, tienes que estar en disposición de dar lo mejor de ti. No habrá excusas si no lo consigues. Así que esperar es importante, y saber cómo actuar mientras esperas para no fallar cuando trabajas, muy importante.

Pero en la ocasión de que hablamos, no habrían trascurrido ni treinta segundos cuando la puerta se abrió de golpe y entró como un vendaval una preciosa mujer que solo tuvo que decir «¡holaaa!» para hacerme comprender que, por fin, a mis casi cuarenta y cuatro años había llegado a mi vida… ¡ELLA!, con mayúsculas de enamoramiento infinito. Se llamaba Patricia. Cuando clavó su mirada en la mía, mis pupilas dilataron, y mi corazón latió con el entusiasmo de un adolescente. La vi y lo comprendí. Ella era la mujer de mi vida. No necesitaba a nadie más, no quería nada más. Ella me bastaba y sobraba, ella me alegraba, me encendía, y si no me prestaba atención, me apagaba. Ella era el único atractivo para mi mirada, mi vida, mi ilusión, mis sueños de gloria. Y mira que, como más tarde me enteré de su propia boca, no sentía por mí sino desgana. No le caía bien, como ya les he contado. Al parecer, no me soportaba. No digo como comunicador, que supongo que también, sino como persona; aún peor, como alma. Años antes, sin yo saberlo, claro, había comprado en Madrid una casa que le gustaba a ella. Cuando se decidió a comprarla, la propietaria le dijo que ya la había vendido, que la había perdido por la mano. Y cuando preguntó quién la había comprado, le dijo que Carlos Sobera. Allí debió de empezar a cogerme manía. Un año después, sucedió lo de la gala de Miss España en la que ella no quiso conocerme, no la vi jamás en el trascurso de los días que pasamos todos en Algeciras. Y mira que había tiempos muertos y que yo paseaba entre las cámaras y los decorados. Un año después, visto lo visto, me seguía teniendo manía.

Por eso me asombra todavía que aquella chica que tan mal concepto tenía de mí hiciera aquella entrada en la sala contigua al despacho de Lazarov, aquel mes de abril del año 2004, que tanto me impactó por la alegría, la seducción y el entusiasmo que irradiaba. Aquella chica aún me tenía manía, y sin embargo fue capaz de sacrificarse, entrar en la sala en la que yo estaba y ser amable y dulce con un ser al que supuestamente aborrecía y despreciaba. Tan bien hizo su trabajo, tan seductora y femenina resultó en su entrada, tan dulces fueron su verbo, su mirada, su gesto y su sonrisa que hoy, veinte años después, cuando me entra flojera y dudo, y cabeceo, y niego el amor que la profeso, recuerdo su actitud y me reinvento enamorado y entregado a ella en cuerpo y alma. ¡Dios, cuánto la amo!

Patricia sigue llamándose la única razón que justificaba mi alegría en aquella gala. Yo no iba a grabar, yo iba a verla a ella. No quería triunfar ni conseguir audiencia, solo quería abrazarla, besarla, sentirla cerca. Con ella, nada me parecía importante; la tristeza, la preocupación, se acababan. Me miraba y yo entendía la vida, el amor, el valor de la pareja. Por aquel programa desfilaron decenas de grandes artistas españoles. Era mi oportunidad de conocerlos, pero ninguno de ellos, ni el más grande, me importaba. Iba hasta aquel lejano y triste plató por verla, para verla, para poder hablarle, para sonreírle, para sentirla cerca, para, para, para…

El amor no es perfecto. Muchas veces se dobla, algunas se quiebra. Las dudas nos alcanzan como misiles y nos atraviesan, nos hacen ceder, perder fuerza. Nos quitan la luz y nos muestran un rostro agrio y duro. Pero cuando tienes estos golpes de huracán que parece que arrasarán tu vida, tu memoria no te traiciona, no te falla, y te trae imágenes, miradas, palabras que te acarician el alma y te sedan, y te embriagan, y te dan esperanza… «esto es amor, quien lo probó lo sabe».

Llevamos casi veinte años juntos. Claro que ha habido luces y sombras. Pero reconozco que, en muchas ocasiones, de no ser por ella, me habría rendido. Habría dicho basta. A ella no le debo muchas cosas, sino todas. A ella me encomiendo cuando mi voz tiembla, y cuando estoy fuerte, sé que es por ella. Tanto me ha dado. Tanto ha sacrificado. Tanto ha vivido conmigo, tanto ha perdonado, y tanto me ha ofrecido y me ha dado que ningún esfuerzo que yo hiciera por ella compensaría sus regalos de vida. Es así. Siempre estaré en deuda. Mil años viviera y no podría sino seguir con ella en deuda. No quiero ser injusto con las otras mujeres de quienes me enamoré, ni pensar que el tiempo con ellas fue perdido, porque el amor nunca hace perder nada a nadie. Pero Patricia, mi compañera de vida, mi alma gemela, la persona que me conoce y me entiende, y me cuida, y me protege, no tiene parangón con nadie que por mi vida haya pasado. Alguna vez le he dicho que la quiero todo, incluso más que a mis hijas. Ella no lo entiende, y que diga eso no le gusta. Sé que son amores distintos y que nos llenan de diversa forma, pero el amor que siento por ella tiene otra dimensión, se dibuja de otra manera, probablemente porque temo que, como la vida, se pierda. Y esta realidad me encoge a menudo el alma, y hace que sienta su amor de mujer de forma más intensa, con miedo, con inseguridad, y a la vez con certeza. Así me siento cuando hablo de ella. Con un pellizco que me encoge, que me atenaza, pero que me da vida de la buena, de la que duele que se escape, de la que merece la pena.

Es normal que afirme, pues, que lo más importante en mi vida, tras mi salida de Telecinco, mi vuelta a ETB y mi llegada, por fin, a Antena 3 en 2004, donde en apenas seis años, hasta 2008, hice de todo, fue ella.

Volví al teatro, repetí el éxito de *50 x 15*, ahora bajo el título, sí, de *¿Quién quiere ser millonario?* en Antena 3. Trabajé con El Terrat en *La gran evasión* para ETB. Fundé una productora, me la pegué con varios formatos mal elegidos, y peor programados, presenté convenciones y terminé enfadado con algunos directivos, de esos que toman decisiones equivocadas. Pero lo más importante fue ella, siempre ella. Porque con ella viajé y disfruté del mundo y de la vida. Con ella sentí que formábamos una sociedad invencible y eterna, y por fin con ella sentí por primera y única vez el deseo de tener descendencia. En esto último también influyó mucho Arianna, hija de su matrimonio anterior, una niña tan dulce, tan buena, que me hizo pensar en el regalo de vida que es ser padre.

La conocí con cinco años. Y tenía nueve cuando empezamos a vivir en familia. Además, en el año 2008 nacía mi pequeña Natalia, y Arianna se convirtió en su hermana mayor. A nadie puede extrañarle que yo siempre haya considerado a Ari mi hija, porque realmente lo era. No biológica, pero sí sentimental, emocional y familiarmente. Por eso me dolió tanto, años después, cuando ella era ya mayor de edad y trabajó conmigo en Telecinco, en *El precio justo,* que muchos me acusaran de violencia vicaria por llamarla hija. Como si ella o yo no supiéramos quién es su padre biológico y, al no ser yo, eso implicara que dejara de tener responsabilidades hacia ella, o no la quisiera ni me preocupara por su vida, sus sueños y sus necesidades. De nuevo las redes sociales dejando expulsar toda la rabia, toda la mierda, y en tu propia casa, además. Gente sin escrúpulos, y sin identidad, volcando toda su frustración y su ira hacia la vida que les ha tocado vivir en ti y en tu familia. Por eso me alejo de las redes con frecuencia. Porque hacen daño, es más, buscan hacerlo.

Los jóvenes pierden su alegría de vivir con demasiada frecuencia por lo que les dicen los amigos, que en realidad no los quieren, y los compañeros de colegio, que los envidian o no les soportan. Imaginen cuando ese daño se multiplica exponencialmente y se difunde hasta el infinito, y se repite, y se viraliza, hasta horadar la mente de adolescentes inseguros, impotentes para abrirse camino, para defenderse. Indefensos, muchos de ellos pierden el rumbo, se rompen en mil pedazos, sufren, y a veces hasta pagan con su salud o su vida la infame actitud del universo anónimo de internautas. No, no me hacen mucha gracia las redes.

Me refugié en Patricia, en Arianna y después en Natalia. Pasé del «Ella» al «Ellas». Y en ese universo me fortalecí y me encontré a gusto. Natalia, mi única hija biológica, siempre la más pequeña de la casa, terminó por darme todo lo que me faltaba. Una razón más para luchar. Un motivo más para disfrutar de la vida, y una preocupación más para compensarla. Es todo alegría, vitalidad y sinceridad infinita. Sobre las cosas importantes, es incapaz de mentir. Te quiere sin razón, sin más, sin que hagas nada, porque eres su padre. Tiene talento y talante. Es intensa y pasional en todo lo que hace. Lástima que no le guste estudiar y sea un poco vaga,

porque con su inteligencia, sobre todo emocional, consegui-
ría lo que se propusiera. Tiene quince años, así que no pierdo
la esperanza. Estoy tan seguro de ella, bueno, de «ellas», que
me preocupo solo lo justo. El resto le preocupa a su madre.

Cuando alguien me pregunta qué quiero que estudien o
que hagan, no entiendo la pregunta. Lógicamente lo que ellas
quieran. Su madre y yo estaremos allí para ayudarlas, pero no
para corregirlas ni enmendarlas. Haremos lo que nos pidan,
pero nada más. Ellas son dueñas de sus vidas, de su amor, de
su profesión, de sus rumbos. Nosotros, como buenos auxilia-
res de vuelo, permaneceremos cerca para asegurar los despe-
gues y los aterrizajes, y siempre para hacerles, junto a los suyos, mucho más agradables los vuelos que emprendan. Hay
que evitar las turbulencias.

15

ELIGE BIEN DÓNDE VAS, Y SOBRE TODO DÓNDE TE QUEDAS

«Soy el amo de mi destino;
soy el capitán de mi alma».

WILLIAM ERNEST HENLEY, «Invictus»

Yo había llegado en el año 2004 a Antena 3. En enero, y de una forma peculiar. Apenas un mes antes Telecinco me había llamado para presentar *Allá tú,* un formato que produciría Gestmusic y que terminaría presentado Jesús Vázquez, y con mucho éxito. Yo a veces dudo sobre si soy o no rencoroso. Lo cierto es que para mí había pasado poco tiempo, algo más de un año en realidad, desde mi salida de Fuencarral por el asunto de la serie fallida, y en verdad acabé comportándome como alguien rencoroso. Total, que igual sí, es verdad, no soy perfecto a pesar de ser de Bilbao, y soy rencoroso. Lo digo porque no me vi con ganas de aceptar la oferta de mi antigua casa.

Verán, Maurizio Carlotti había llegado en diciembre de 2003 como consejero delegado a Antena 3, que había cambiado de manos por enésima vez. El grupo Planeta dirigía ahora los designios del canal. Yo conocía a Carlotti. Estaba muy a gusto en ETB, pero tenía ganas de volver al panorama nacional. La mezcla de todos estos elementos devino en la fórmula mágica que me dio la solución. Llamé a Carlotti y le dije que quería volver a trabajar a nivel nacional, y que me apetecía hacerlo con él. De esta manera declinaba por omisión la oferta de Fuencarral. Oye, mano de santo. En dos días me recibieron y en poco más de un mes estaba grabando *Hay trato,* que en su primera temporada fue todo un éxito. Pasé unos años magníficos en la cadena compartiendo mi tiempo con Iberia y con los platós de Miramón, grabando *Date el bote.* Un programa sucedía otro, hasta que la llegada de Peio Sarasola, que parecía seguir mis pasos, a Antena 3 supuso la posibilidad de repetir la vieja fórmula de *¿Quién quiere ser millonario?* Dos años de placer inmenso me supuso tomar aquella decisión. Me entendía con todo el mundo en la cadena, y disfruté conociendo al binomio directivo de Martingala, empresa que detentaba los derechos del *Millonario:* Enric Lloveras y Daniel Bilbao. Una pareja rebosante de talento y de humanidad.

Como ya he comentado, el concurso alcanzaba los cuatro millones de espectadores diarios, y obtenía réditos cercanos al treinta por ciento del *share.* Lo que se dice vulgarmente una bicoca. Yo habría podido seguir así toda mi vida. Porque, además, grabar el programa era extraordinariamente cómodo. Grabábamos dos días a la semana, y cada día solo tres programas de treinta minutos cada uno, que además se grababan casi en tiempo real. Vida más cómoda no he tenido yo nunca. Fíjense, me sobraban días a la semana para hacer otras muchas cosas, y las hice. Hoy, que presento otro programa diario, *First Dates,* no tengo ya esa libertad. Es verdad que no grabamos muchas horas (ahora, porque al principio eran jornadas partidas y se grababa mañana y tarde), pero grabamos todos los días. Y hay que reconocer que es un poco esclavo. No es duro, pero sí te ata y te corta otras posibles actividades.

¿Qué pasó, que aquel idilio entre Martingala, Antena 3 y yo se acabó? Pues lo que pasa siempre. El elemento humano. El único que es realmente incontrolable. Ni se puede predecir ni se puede corregir. Parece inevitable, y siempre es inevitable. Paco Díaz Ujados fue sustituido como director de contenidos por Mikel Lejarza. Recordemos que Mikel había sido, probablemente, el hombre que sugirió mi nombre para presentar años antes el *Millonario* en Telecinco. Pero su llegada a Antena 3 no me sentó bien a mí, no sentó bien a la productora y terminó no sentando nada bien al programa, que pronto acabó desapareciendo de la parrilla.

La verdad es que a nivel personal nos caíamos bien. Éramos dos viejos gudaris de la tele vasca, pero no conseguía entenderme a nivel profesional con el directivo. Con este, porque con Sarasola sí que me entendía. Esto me llevó a presentar programas que no comprendía, como *El invento del siglo*, y se empeñó en que presentara no uno, sino tres concursos a la vez. Para mi modesto entender, aquello era un error. Un presentador no puede estar en tres concursos a la vez, y menos en la misma franja horaria. Yo ya hacía uno, que además era un éxito. No tenía sentido sucederme a mí mismo en otro, y menos aún en un tercero, como si fuera una ruleta rusa. ¿Qué vamos a ver hoy? Da igual, sale siempre el Sobera.

No me negué a hacer nada, pero sí expuse mi opinión con claridad. Lo había hecho unos meses antes cuando Peio Sarasola me propuso presentar a la vez el *Millonario* y *Pasapalabra*. Le dije que no lo veía, y la verdad es que él lo entendió. La pena es que se liberaron los derechos del formato y Telecinco terminó comprándolos para enfrentarlo a nuestro propio programa. Pero así es este negocio. Ahora bien, Mikel Lejarza no terminó de comprar mi razonamiento y no sé si le gustó mi sinceridad. Esto lo digo porque uno nota cuándo se rompen los puentes. Da igual que sea un amigo, una pareja, un jefe en el trabajo o un inspector de Hacienda. Se nota y, una vez roto el puente, todo se acaba. Y en mi caso se acabó.

Había grabado veintiséis entregas de *Jeopardy*, un magnífico concurso americano, pero que, eso sí, solo triunfaba, aunque longevamente, en Estados Unidos. Y por decisión de Mikel, acabé grabando varias entregas de *Uno contra cien*, un exitoso concurso francés, que ya estaba presentando, por cierto, los fines de semana y de manera magistral mi compañero Juan Imedio. ¡Qué desastre! Al parecer, el directivo mantenía la tesis de que todo buen programa necesita un relevo en el banquillo. Por eso quería sustituir en verano el *Millonario* por *Uno contra cien*. Una pena que no pensara lo mismo de los presentadores y me sustituyera a mí también. Llámenme adivino, pero fui capaz de intuir lo que iba a pasar. De hecho, desde México, donde estaba de vacaciones con Patricia, se lo conté a Peio Sarasola. «*Uno contra cien* —le dije— no va a funcionar». Acababa de estrenarse además *Pasapalabra* en Telecinco. Hablamos del verano del 2006. «La cadena se pondrá nerviosa —añadí—, y retirará el programa sustituyéndolo por *Jeopardy,* que tampoco va a funcionar porque al público le daremos la impresión de un carrusel deportivo, con equipos diferentes, pero siempre con los mismos jugadores. La consecuencia, querido Peio —sentencié—, será que el *Millonario* no regresará a la franja conmigo, jamás».

No quiero parecerles más chulo que un ocho, pero, desgraciadamente, no me equivoqué. Desaparecieron los tres concursos de la cadena. El hombre que quería un relevo en el banquillo se había cargado al relevo, al banquillo y hasta al equipo titular. A partir de ahí yo caí en desgracia. No se me propuso nada nuevo, y en pocos meses se empezó a hablar de rescindir mi contrato hasta que mis servicios se volvieran a necesitar. Otra lección aprendida. De la noche a la mañana todo puede cambiar a peor, aunque te parezca imposible.

Y aquí va otra lección aprendida: a veces la sinceridad no es bien recibida y, por supuesto, nada valorada. Zapatero, a tus zapatos. Yo era presentador, no directivo de cadena ni entendido en televisión. ¿No tendría que haber opinado? Yo creo que sí. Caso contrario, ¿qué nos quedaría? La libertad y la honestidad deben acompañarnos siempre. Sí, puede costarte el trabajo, pero trabajar sin libertad y sin honestidad al final implica trabajar sin compromiso. Yo no quiero esto. Y por eso me terminé marchando a otro canal, a la grande, y durante mucho tiempo única, Televisión Española. Detrás dejé unas pocas entregas grabadas de mi concurso fetiche que fueron programadas, contra natura, a las seis de la tarde. Siempre sospeché que en parte para quitárselas de encima y en parte para dejarlas con poca presencia y audiencia. Así resaltarían la vuelta del concurso a su franja de siempre, ahora con otro presentador. Una pena. Y me apenó también que la revista de la Academia de Televisión, que no nos había prestado nunca ninguna atención ni al concurso ni a mí, a pesar de los éxitos de audiencia y de crítica, esperara a la nueva edición con un nuevo presentador, Antonio Garrido, que lo hizo muy bien, la verdad, para prestársela por fin. En fin, esas «cosillas» que acaban por desatar una paranoia muy habitual entre los profesionales del medio: en cuanto no nos vemos reconocidos tal y como creemos que nos merecemos, tendemos a sospechar de todo. ¿Nos tienen manía? ¿No caemos simpáticos? ¿Se defienden intereses de grupo? Algunas veces acertamos. No siempre, que quede claro.

De mi viaje por México no les cuento nada. Qué gran país y qué desastre de país al mismo tiempo. Íbamos en taxi por Acapulco cuando en la radio escuchamos que un tiroteo acababa de causar diez o doce muertos. Así es la realidad mexicana. Y encima la Policía no te inspira ninguna confianza. Las mordidas, al cabo del día, y las denuncias por detenciones irregulares, también. Aun así, hemos vuelto y volveremos. Porque también tiene millones de personas honradas. Y cientos de lugares que concentran la cultura, el arte, el paso del tiempo y hasta los extraterrestres más atractivos del mundo. Y ese museo arqueológico de Ciudad de México, que ya por sí sólo lo justifica todo.

Sí les cuento que mi paso por TVE fue efímero pero prolífico. Grabé solo un episodio de los trece previstos inicialmente de un programa de baile porque la cadena decidió que aquello no le gustaba. Después grabé un concurso de canciones que pasó sin pena ni gloria; luego, un concurso para las mañanas de La 1, que se acabó emitiendo seis meses después en La 2 y por la noche. Un despropósito, vamos. Ya me dirán, yo hablando a los habitantes de sus casas de albóndigas y de la hora de comer, y el programa emitiéndose a la hora de la cena. Finalmente, y de la mano de Gestmusic, pude presentar el programa *Los mejores años de nuestra vida,* que fue un éxito de audiencia. Acabaría de gira por toda España de la mano de muchos cantantes de *Operación Triunfo,* y estaba llamado a una renovación segura. Y habría renovado. Pero se interpuso el mismísimo presidente del Gobierno, don José Luis Rodríguez Zapatero. ¿No había dicho yo antes que zapatero a tus zapatos? Pues ni caso. Zapatero decidió que TVE dejaría de emitir publicidad, para alegría de las cadenas privadas y para la propia desgracia de la Española, porque el canal público perdía una importantísima fuente de financiación. La consecuencia fue el ahorro de costes, la contención y, así, de esta manera, la desaparición de programas de excesivo presupuesto. Una acción política de un Gobierno de izquierdas que sirvió para defender los intereses de empresas privadas, que se supone son de derechas. Y que, de paso, aumentó la dependencia del ente público de los presupuestos del Estado, y por lo tanto de nuestros impuestos. Siempre creo que la tremenda carga impositiva que tenemos los españoles viene de decisiones como esta, que parecen de poco calado, pero que vistas globalmente suponen una tragedia de primer orden para todos.

Recuerdo que uno de los perjudicados fue *Mira quién baila,* que presentaba Anne Igartiburu. Otro fue *Los mejores años de nuestra vida,* que presentaba yo. Así que, apenas un año después de mi llegada a la cadena, me tuve que marchar. ¿Lo mejor? Presentar las campanadas acompañando a la sempiterna Anne. Y también participar en un especial de Raffaella Carrà, con su célebre llamada de teléfono. Por supuesto, y como siempre, las personas que conocí de la productora y del propio canal fueron las que me dieron las mayores alegrías. Algunas de ellas siguen en mi vida casi quince años después. ¿Lo peor? La sensación de impotencia por no poder hacer algo con sentido, televisivo o real.

*   *   *

Ya había pasado por las tres grandes cadenas de televisión en abierto de nuestro país. Pensé en centrarme en mi faceta de productor y abandonar la pantalla, al menos durante un tiempo. La fortuna parecía serme esquiva. Pero cuando uno se enfrenta a malos pensamientos, y a malos momentos, lo mejor es tranquilizarse. «El que para, manda», dice el torero. Y es verdad. Hay que dejar pasar un tiempo. No mucho. Distanciarse algo de lo que ocurre. Analizar. Pensar qué hacer, cómo hacerlo. Y, sobre todo, esperar. A veces, el mero paso del tiempo soluciona tu problema. Esto, querido lector, no lo aplique a sus relaciones sentimentales. No, por favor. Por favor, que la pifia. En este terreno hay que coger el toro por los cuernos, ser humilde, rectificar si es necesario, y actuar con diligencia siempre. Y, aun así, no sé si las tendrá todas con usted.

Pero volvamos a lo nuestro, que no quiero despistarlos. No hay que dejarse llevar por los nervios ni por la desesperación. Yo seguí trabajando. Coproduje con Juan Baena, un buen socio y amigo, un concurso llamado *Justo a tiempo* para Cuatro. Y justo a tiempo me llegaron sendas ofertas, una de Canal 7RM y otra de ETB. Dos programas en vez de uno, y dos canales a la vez. Y allí que me fui. A Murcia y a Donosti. Una vez más, no había canales pequeños, solo pequeños y engreídos profesionales que carecen de humildad. Y si hubiera tenido que volver a la oficina de desempleo, habría vuelto. Ahora, además, tenía dos hijas y muchos compromisos por delante. No había tiempo para lamentaciones. Solo para trabajar.

Otra decisión que tomé y que me sentó genial: decidí protagonizar *La guerra de los Rose,* de Warren Adler, en tea-

tro, claro, junto a Mar Regueras, que fue todo un descubri-
miento. Lo hice de la mano de una pequeña productora gui-
puzcoana llamada Ados Teatroa, distribuida por Pentación,
con dirección de Garbi Losada, y bajo la producción ejecuti-
va de José Antonio Vitoria. De nuevo lo pequeño me condu-
jo a la inmensidad del espacio estelar. Lo pequeño se saborea
mejor, con más intensidad y mayor perdurabilidad. Cada vez
amo más lo pequeño. Allí también conocí a Koldo Losada,
actor de reparto y hermano de la directora. Gran actor. Murió asesinado por su pareja años después de acabar la función. Yo había conocido a su pareja. Me estremeció y me
horrorizó lo que había pasado. No lo voy a contar, pero quería dedicarle un recuerdo a un compañero que me hizo feliz
tantas veces sobre las tablas del teatro.

16

NUNCA DIGAS NUNCA JAMÁS

«La esperanza es el océano para el río, el sol para
los árboles y el cielo para nosotros».

PLUTARCO

Yo me había prometido no volver a Antena 3, pero, claro, las circunstancias habían cambiado. Era otro consejero delegado el que dirigía la cadena, y otro director general, y otros directivos. Además, la oferta era buena, muy buena. De las que no se deben rechazar. Me ofrecieron un programa de tarde que se iba a llamar *El tercero en discordia*. Era una idea bonita que pudo triunfar, pero tenía un horario puñetero, de esos que más vale rehuir. De hecho, sucumbió al horario. Pero tuve la fortuna de conocer en el programa a una persona que poco después sería esencial en mi vida: Yolanda Campayo.

Al poco de aceptar grabar *El tercero en discordia,* volvieron a llamarme para ofrecerme lo que me pareció la joya de la corona. Estaba claro que estaba en racha. Me hablaron de un concurso extraordinario que se me antojó de igual carisma que el *Millonario: Atrapa un millón,* una adaptación del exitoso *The Million Pound Drop Live,* del Channel Four británico, que empezó su emisión en 2010. Al parecer, se lo habían ofertado a Arturo Valls, y Arturo, poco convencido de las bondades del producto, digo yo, dijo que no. Tal vez no se equivocó, porque dos meses más tarde, visto ya el aterrizaje en parrilla de *Atrapa,* decidió aceptar la oferta de presentar *Ahora caigo.* Y, la verdad, le fue mejor que a mí. Estuvo cerca de siete años en antena y le proporcionó más felicidad que a mí el *Atrapa.*

Yo, sin embargo, llevado de mi intuición, no lo dudé ni un instante. Me parecía brutal el formato. Se iba a contraprogramar los viernes por la noche a la misma hora que *Sálvame Deluxe,* de Telecinco. También me agradó esta idea. Volvía así a trabajar con Gestmusic y una de las directoras que más me han impresionado, profesionalmente hablando: Montse Claros.

Recuerdo nuestra primera reunión. Fue en el despacho de Toni Cruz, toda una leyenda de la música, el humor y la televisión. Lo primero que me dijo fue que estaban buscando un presentador para los próximos diez años. Después me habló de mi pelo. De mi pelo, sí. Me dijo que el público soportaba a los presentadores con pelo y a los calvos, pero no a los que estaban inmersos de pleno en el proceso de perderlo.

«La madre que lo parió», pensé. Le habría soltado un tortazo allí mismo. Me pareció superimpertinente. ¿Y si yo tenía un complejo con ese tema? ¿Y si realmente me estaba quedando calvo a una velocidad trepidante? No me habría hecho ningún bien aquel nivel salvaje de sinceridad, mezclado con poca inteligencia emocional, y poca psicología. Le dije que el estrés me estaba provocando alopecia, pero que era ocasional, y que pronto recuperaría mi pelo en su totalidad. No era verdad ni una cosa ni la otra. ¿Pero qué podía decirle? ¿Que el exceso de testosterona era el responsable, lo que significaba que tenía, como buen vasco, mucha más energía sexual que él? Luego entendí su obsesión por el pelo. Al parecer, él sufría una alopecia severa y se había sometido ya a un trasplante capilar. ¡Pero, hombre!, trasladarme a mí esa presión obsesiva...

El caso es que yo pasé de puntillas por esa observación, aunque, claro, a partir de ese instante me obsesioné con el tema de mi pelo y su abrupta caída. Lo importante, de todas formas, no era eso, sino que nunca había conseguido triunfar con Gestmusic. Ahora era importante hacerlo.

La productora estaba pasando un momento malo, muy malo. Yo adoraba a todo el equipo. Había congeniado con ellos durante la grabación de *Números locos,* un buen formato que fue mal programado, y que por eso fue cancelado anticipadamente. Fui a Barcelona con toda la ilusión del mundo. Acudí a la rueda de prensa de presentación de *Atrapa un millón* con los altos directivos de la cadena. Y bien peinado, para que nadie notara nada en mi pelo. ¿Ven?, si es que al final lo importante era el pelo... Una contradicción más del ser humano sucumbiendo a las exigencias más básicas de imagen.

Al día siguiente se estrenó el programa la noche de los viernes y con éxito. Resultó ser un buen competidor de *Sálvame Deluxe*. Poco después, vista la potencialidad del formato, la cadena tomó una decisión previsible: convertir el programa de emisión semanal en un programa de emisión diaria. Nacía así una etapa que se alargaría durante más de tres años y medio en las tardes de la cadena. Fue un programa de referencia, aunque nunca fuera líder de su franja. Era imposible: *Pasapalabra*, de la mano de Cristian Gálvez, se había asentado de forma arrolladora en la parrilla de Telecinco. Además, la empaginación en la cadena de Fuencarral era perversamente perfecta.

Verán, en Antena 3 eran muy respetuosos con sus informativos. Los tenían como la joya de la corona. Y los defendían. Una forma de defenderlos era programarlos con exactitud y puntualidad germánicas. Los de la noche comenzaban a las 21.00 horas, ni un minuto antes ni, por supuesto, un minuto después. En Telecinco eran partidarios de buscar cualquier solución que aportara más audiencia a sus programas estrella, entre los que no se encontraban los informativos, que de esta forma podían ver alterada su programación horaria. Y la veían, porque *Pasapalabra* nunca empezaba a las 20.00 y, por lo tanto, nunca acababa a las 21.00. Es más, el concurso acababa sobre las 21.04, e incluso a veces a las 21.05. ¿Importante este dato? Trascendental. Porque los cuatro o cinco últimos minutos, que eran los de mejor contenido («el rosco»), competían con las noticias de La 1 y el informativo de Antena 3, y arrasaban. Lógico, porque no competían con productos con los que compartieran público. Además, los seguidores de *Pasapalabra,* una vez que empezaban a ver el programa, no podían dejar de sintonizarlo hasta el momento final, en que se descubría si los concursantes completaban o no el rosco. Lo contrario habría sido absurdo. ¿Se imaginan?: «Ah, quita el rosco, que quiero ver las noticias y, además, en la cadena competidora». Imposible. Por otra parte, recuerden que el arrastre que dejan los programas de éxito es muy importante para los que vienen detrás. Obviamente, terminando a las 21.04, el concurso alcanzaba todos los días el minuto de oro de la televisión, con audiencias de casi tres millones y medio de espectadores, y un *share* cercano al treinta por ciento. Ese público era arrastrado al informativo de Telecinco, y este se imponía claramente al de Antena 3, que presentaba mi querido compañero Matías Prats (me ahorro lo de Junior).

Así se escribe la historia. Hoy en día sucede justo lo contrario, aunque con los mismos protagonistas: los informativos y *Pasapalabra*. Ahora el concurso está en Antena 3, pero sigue acabando a las 21.04 y convierte en líder al informativo de Vicente Vallés, aunque seguro que Vicente también tiene que ver con el éxito que le toca. ¡Qué pena que Antena 3 no decidiera alargar en su momento *Atrapa un millón* hasta las 21.04! Nos habría ido mejor a todos. Nuestro concurso habría competido mejor que el informativo contra el concurso de la competencia, y el informativo, mejor defendido, habría alcanzado mejores datos.

Yo, que puedo ser educadamente pesado, solicité en muchas ocasiones a la productora y a la cadena que este cambio se produjera. No me hicieron caso. Lo importante era el informativo, no el concurso. No supieron leer la jugada, que, sin embargo, en Telecinco leyeron a la perfección.

También pedí muchas veces cambios en el formato de *Atrapa*. A mí se me hacía corto de preguntas para tanta duración como tenía. Acuérdense que solo se hacían ocho preguntas, ocho, en casi sesenta minutos. Las ocho preguntas tenían sentido en el resto de países europeos a los que se había vendido, porque en ellos se tiende a hacer los concursos de treinta a treinta y cinco minutos de duración. Ocho preguntas bastan, pues. Pero los canales españoles son partidarios de alargarlo todo como el chicle hasta hacerlo interminable. Que el programa en su versión original dura una hora, pues aquí dos, y así, con la misma inversión, arreglamos más parcela de la franja que programamos.

A ver, en el caso de *Atrapa un millón,* yo no pedía que se duplicasen las preguntas. No era cuestión de pasar de ocho a dieciséis. Proponía doce preguntas estándar. Con ese número estaba seguro de poder duplicar (ahora sí) la longevidad del formato. Pero no fue posible. La productora se negaba, o alguien se negaba, o se negaban todos, y yo renegaba… Vamos, que nunca he sabido cuál fue el quid de la cuestión.

En el caso de *Atrapa,* este alargamiento debilitó el *show*. Con solo ocho preguntas tienes que dedicar mucho tiempo a la charleta poco productiva. Acabas preguntando al concursante por cosas que no está preparado para contestar: ¿tienes pareja?, ¿dónde y cómo os conocisteis?, ¿qué es lo que no soportas de tu hermano?, ¿es verdad que roncas como un oso?... Podría poner mil ejemplos más de preguntas absurdas que solo sirven para alcanzar los sesenta minutos de programa. Y esto hace mella en el espectador, porque se aburre.

El espectador no ve un concurso para asistir a un *talk show,* no. El espectador quiere asistir a una batería de preguntas, difíciles e interesantes, que pongan en un brete al concursante, y que le permitan a él jugar desde casa respondiendo a la vez que este. Eso quiere el espectador. Jugar, jugar todo el rato. Cuantas más preguntas, más juega y más se divierte. No es tan complicado de entender, ¿no? De hecho, los concursos más longevos, los que consiguen mantener más la atención del público, son aquellos en los que más preguntas se formulan. Miren los que han perdurado: *Pasapalabra* (veinte años y sigue), *Saber y ganar* (que se emite desde 1997, así que veintisiete y contando), *Ahora caigo* (ocho años), *Boom* (casi diez años con interrupciones). Y todos ellos tenían decenas e incluso centenas de preguntas, que enganchan al espectador como las traiciones en los culebrones de amor. No hay más. Yo mismo conseguí estar ocho años, que serían nueve si contamos el primer año, presentado por Jorge, con *Date el bote,* que era un concurso que formulaba fácilmente más de doscientas preguntas por entrega. Pero a mí casi siempre me tocan concursos con pocas preguntitas. Es por quejarme, que me parece que me estoy quejando poco. El *Millonario* tenía quince, *Atrapa* tenía ocho, *The Wall,* también ocho...

Hice más cosas en el trienio 2011-2014. Después desaparecí. Me pasaron a la reserva, en términos militares, o comencé a chupar banquillo, en términos futbolísticos.

Presenté otro estupendo concurso: *Avanti*. No me pregunten por qué no funcionó. Todas las respuestas no las tengo, la verdad. Siempre he creído que fue por la velocidad con la que se sucedían los concursantes, y por la rapidez infinita de la prueba final, que era diabólica, además. No, si al final voy a tener algunas respuestas. Me voy a explicar.

Supongo que se habrán dado cuenta de que ahora los concursantes son los verdaderos protagonistas de los concursos. Se busca así fidelizar a la audiencia. La gente quiere saber si el equipo de Los Lobos llegará a hacer saltar la banca, o si Orestes conseguirá el rosco más millonario jamás entregado. Seguir sus aventuras y desventuras a lo largo de los meses se convierte en el principal atractivo de los *quiz shows*. Tal es así que algunos concursos, como *Boom* en Antena 3, pasó de estar poco menos que desahuciado a tener una audiencia importante por el gancho del equipo de Los Lobos. Recientemente, en Telecinco hemos visto como Los Mozos de Arousa han empujado definitivamente a mi compañero Ion Aramendi y a su concurso *Reacción en cadena* hasta la estabilidad en términos de audiencia.

Se busca clara y definitivamente enganchar o fidelizar al público por los concursantes. Tanto que hay veces que se produce la impresión, con toda seguridad falsa, de que a los concursantes que enganchan al espectador se los mantiene contra viento y marea. Este sistema de trabajo tiene como ventaja que la fidelización se consigue, pero tiene el inconveniente de que los concursantes se «profesionalizan». Ya no es normal ver gente corriente de la calle, con mayor o menor formación, pero por completo ajenos al mundo televisivo. Se pierde de esta manera mucha frescura, y la incorporación de perfiles que se salen de lo convencional porque les resulta imposible acceder al mundo del *casting* de concursos. Es más, lo normal ahora, dentro de esta alta cualificación y profesionalidad, es ver a los concursantes estrella de los concursos ir girando de uno a otro. Algunos incluso son contratados para dar caché y glamur al programa al que se incorporan. Esto ocurre ahora en *El cazador* de TVE, por poner un ejemplo.

Otra cosa que vemos con normalidad, y sin llevarnos las manos a la cabeza, es que los concursantes que ya pasaron por un programa vuelvan a él. Repiten con la excusa de haber sido los mejores, o los que alcanzaron los mayores premios, o la excusa que sea menester. Otras veces, el regreso se camufla bajo el titular de «duelo entre ganadores», o «lucha de titanes».

El caso es que el concursante ha cambiado por completo su perfil, y se ha profesionalizado casi tanto como el presentador que conduce el programa. Y puede llegar a ganar más dinero, aunque tenga que seguir contestando preguntas hasta la eternidad. Bueno, se han profesionalizado tanto que incluso están empezando a sustituir a los presentadores y presentando ellos los concursos. Es lo que a finales del año 2023 anunció TVE: que un famoso ganador de un concurso famoso iba a presentar el regreso de *Jeopardy* al canal público.

Completado el círculo, amigos. Queda claro con lo que estoy contando que los concursos que no mantienen a sus concursantes, sino que, de hecho, los volatilizan, tienen un serio hándicap. Esto pasaba en *Avanti*. A la primera de cambio, al primer fallo, se marchaban y eran sustituidos por uno nuevo. El empacho de caras del espectador era terrible, y finalmente dejaba de tener interés por lo que le pasara a cualquiera de ellos. Total, no recordaría sus caras ni sus nombres. También era el problema de *¿Quién quiere ser millonario?* En el formato inglés, la silla de los concursantes estaba tan caliente que la mayoría salían del programa despedidos sin llegar a un número de preguntas de interés. No había fidelización. Ninguna. Y esto hacía más difícil calar entre el público.

Bueno, pues he aquí otra de las razones por las que no funcionó *Avanti*. Y otra más, que ya les he avanzado, probablemente fuera que la fase final era muy enrevesada, con preguntas dictadas al revés y con un tiempo máximo que convertía la experiencia estresante en exceso para el público.

Seguro que hay más razones para justificar la falta de audiencia, ya he confesado que no las sé todas y que no las descarto en absoluto. Por ejemplo, que yo no supiera hacerlo bien. Pero bueno, esto es mejor dejarlo al dictamen de mi querido público.

*   *   *

Otro de los grandes programas que pude presentar en este trienio mágico fue *Los increíbles*. Un formato extraordinario del que llegamos a hacer dieciocho o diecinueve entregas. Resultaba complicadísimo grabar más porque el programa exigía la presencia de concursantes con dotes extraordinarias en cualquier faceta de la vida: científica, artística, etcétera. Ese límite fue imposible de superar. Pero la experiencia fue maravillosa. Tuve la oportunidad de trabajar con profesionales del medio como Santiago Segura, Chenoa o Mario Vaquerizo, que hicieron mi trabajo mucho más divertido y enriquecedor. Otra de las ventajas de estar al frente de este formato fue trabajar con Jaime Guerra, un productor de los de toda la vida, con talento y con criterio. Excelente director de contenidos, había dirigido *Gran Hermano* en sus comienzos. Junto a él y Zeppelin, que era entonces su productora, a cuyo frente estaba y está Pilar Blasco, un genio absoluto de la tele y una persona fantástica, pude meterme en una aventura teatral de primera magnitud: *El ministro,* de Antonio Prieto, a quien había conocido como director en las dos galas que hice de *Inocente, inocente,* y que fue un éxito de la temporada 2014, en Madrid primero y de gira por España después.

* * *

A partir de ahí, en agosto de 2014, por poner una fecha, pasé a vivir una de las situaciones más perversas que puede vivir un profesional: cobrar sin trabajar. Sí, me imagino que a algunos de mis lectores la situación les parecerá ideal. Pero, créanme, no lo es. Te sientes apartado. Casi te sientes un apestado. Fuera de la rueda. Nadie cuenta contigo. No existes. No eres. Todos necesitamos ser parte del grupo al que pertenecemos. Queremos que nos quieran, no que se enamoren de nosotros, pero sí que nos den cariño, mimitos. Se llama respeto. Da igual lo que te paguen, debes ser bien tratado. El mensaje que te mandan, en caso contrario, es despectivo y destructivo. Te obligan a pensar que tu trabajo no sirve, que no es bueno. Dudas de ti, de tu talento y pierdes la ilusión en el trabajo. Estás en una situación psicológica de quiebra técnica. Lo siguiente va a ser un concurso de acreedores de tus restos.

Yo viví esa situación durante meses, lo que demuestra que en nuestra profesión de oropel no todo lo que reluce es oro; y, a veces, contra todo pronóstico, se pasa mal, se sufre.

A mí me ocurrió. En enero de 2015, con motivo del vigésimo quinto aniversario de la creación de Antena 3, yo estaba en el Teatro Alcázar de Madrid, en pleno éxito de *El ministro*. Habíamos renovado y permaneceríamos allí hasta marzo o tal vez abril, antes de salir de gira por el país. Antena 3 y sus departamentos de comunicación y de protocolo llevaban semanas preparando la gala que tendría lugar en la Galería de Cristal del Ayuntamiento de Madrid. Sus Majestades los reyes Felipe VI y Letizia acudirían a la ceremonia. Hora de llegada, las 19:30. Esto hizo que el protocolo fuera especialmente exigente, lo que llevó a la cadena a ser muy insistente con las confirmaciones de presencias y horarios de llegada. Obviamente, yo estaba a favor de obra, era una ocasión im-

portante para la cadena. Por supuesto, advertí a los responsables del Teatro Alcázar de la necesidad de demorar un
poco el inicio de la función de aquel día para no faltar a mi
compromiso. Enrique Salaverría, director de Smedia (gestora
del teatro) fue comprensivo y aceptó los cambios sin mayor
problema.

Fui uno de los primeros en llegar al Ayuntamiento. Nada
hacía presagiar lo que iba a ocurrir después, aunque mi sexto
sentido me alertó de que algo no iba como debía. Fui recibido por Protocolo, e invitado a acudir a la barra del bar a tomar algo mientras llegaba la hora de la foto. Saludé a Maurizio Carlotti, que estaba radiante aquella noche. Siempre lo
está. Me encontré con compañeros y conocidos en la barra y
me pedí como siempre un refresco sin azúcar. Es lo malo (o
lo bueno) que tiene ser diabético. Poco después llegó Manel
Fuentes. Nos llevamos muy bien, así que nos quedamos allí
en la barra, hablando de televisión, de impuestos y de otras
mandangas varias.

Al cabo de un rato, un buen rato (yo ya estaba poniéndome nervioso porque veía que no llegaba a tiempo a la función
teatral), anunciaron que era el momento de la foto de grupo
de los presentadores de la cadena. Yo quise ir hacia la zona
donde se suponía que íbamos a hacernos la fotografía institucional. Nos dijeron que esperásemos. A los pocos minutos,
un chico del Departamento de Comunicación de Antena 3 se
acercó a Manel y le dijo que lo acompañase, que había llegado el momento. A mí no me dijo nada, pero interpreté que
debía seguirle, porque después de todo la cadena me había

convocado precisamente para eso: para hacerme la fotografía con los compañeros. Así que lo seguí. Mi sorpresa fue mayúscula cuando me salieron al paso para decirme (lo hicieron dos becarios del departamento, o eso me pareció) que yo no podía pasar, que mi nombre no constaba en la lista y tenía el acceso restringido. Me paralicé, pero reaccioné rápido. Les dije que eso era absurdo porque me habían convocado expresamente. Es más, había cambiado el sagrado horario de una función teatral, con un teatro lleno, afectando a más de setecientas personas. Así que continué andando.

Y entonces pasó lo que me habría gustado que jamás pasara: la responsable de Prensa, cuyo nombre soy incapaz de recordar, o tal vez no quiero recordar, salió a mi encuentro y me cortó el paso. Como en las viejas discotecas (bueno, y en las nuevas: hay cosas que nunca cambian), cuando no te dejaban pasar los gorilas imponentes que había en la puerta. Igualito. Solo que en mi caso no hizo falta ni pararme, ni agarrarme, ni empujarme.

Me sentí muy decepcionado, y culpable incluso, por lo que había pasado. De hecho, me sentí un impostor por presentarme donde no me habían invitado, y donde no me hicieron sentir querido. Sí, la culpa la volví contra mí. Pero sí me habían invitado, incluso insistido. Sobre todo, en la puntualidad germánica. Y a mi mujer la insistieron también. Por eso fui. Por eso y por echar una mano a la cadena; una mano amiga (¡viva Roberto Carlos!). Mira que yo no soy de boato, ni canapé, ni de fiestas señaladas, ni cosas por el estilo. Yo no soy de los invitados al Palacio Real el día de la Hispanidad, ni voy a la celebración del Día de Madrid en la Puerta del Sol, ni los presidentes me invitan a la Moncloa, ni siquiera el Lendakari me lleva a Gasteiz, ni me invitan a la Casa Blanca, ni a una mísera recepción en una embajada, ni a nada de nada. Y yo tan pichi, oye. Y para una vez que voy a una celebración con un poco de lustre me sale el tiro por la culata. También es mala suerte. En fin, en mi defensa diré que aquel día fui porque así me lo pidieron, y tuve que irme de allí, porque lo de quedarme me lo impidieron.

La foto se hizo, y no estar en ella me dolió. Por eso se lo cuento a ustedes, para hacer terapia, con su permiso. Y para que vean que en nuestra profesión también las pasamos canutas, como en las suyas, de vez en cuando.

Todo aquello sirvió para reconocerme a mí mismo que la relación con la cadena se había roto. Los lazos profesionales habían muerto unos meses antes, pero los personales fueron dinamitados en aquel frío enero de 2015. Aún me quedaría un año en la cadena. En la reserva, en el banquillo. Frustrado sí, pero viendo cada vez más cerca el final de mi contrato. Que llegó, claro que sí, como no podía ser de otra manera. Y con él, estaba seguro de que lo haría un período nuevo de ilusión, de ganas y de energía renovada.

17

ROMA VICIT

«Nunca confundas una derrota única
con una derrota final».

F. SCOTT FITZGERALD

Antes de que ocurriera lo que he relatado en el capítulo anterior, el primer golpe a mi fe, a mi complicidad y a mi entrega profesional y personal, el golpe previo al definitivo había tenido lugar mucho antes.

Llevábamos meses con audiencias bajas y poco competitivas. Tal vez habíamos perdido *punch,* o tal vez no lo habíamos tenido nunca. El caso es que las alarmas se habían encendido. Y los rumores atravesaban los corazones a la par que recorrían los pasillos. Los rumores en los pasillos de las teles corren incluso más rápido que las ladillas en los prostíbulos. Por Dios, que nadie busque semejanzas entre ambos lugares. Puede que las haya, no digo yo que no, pero no era mi intención comparar, salvo en términos de velocidad.

Volviendo a lo que nos ocupa, *Atrapa un millón,* que había sido un éxito considerable en su emisión en *prime time,* y que había aguantado más de tres años en su versión de programa diario, boqueaba. Esto es muy normal en televisión. Recordemos que tanto los éxitos como los fracasos no son eternos, afortunadamente (Fernán Gómez *dixit* y yo también). Porque si el fracaso es eterno, no consigues sobrevivir, y si el eterno es el éxito, corres el riesgo de apalancarte, de aburrirte, de dejar de ser curioso y experimentar, y, por lo tanto, de dejar de aprender y de crecer. De todas formas, los programas, si no se cuidan, se miman, se cambian, se adaptan o se modernizan, perecen, como perecen las flores cuando no se riegan.

Ya conté en el capítulo anterior que yo mismo me había pasado años reclamando un cambio en el formato. A menudo le preguntaba a Montse Claros, mi directora, qué podía hacer para echar una mano y cambiar la situación. Ella, gran profesional y con talento maravilloso, siempre me decía: «Cuando un presentador pregunta qué puede hacer, es que la situación está ya complicada». No le faltaba razón. Yo quería que el concurso fuera empaginado de forma distinta. Recuerden que acabábamos a las 21.00 exactas, mientras *Pasapalabra* se alargaba cuatro o cinco minutos más de la hora pautada para el comienzo del informativo. Gracias a eso, como ya he explicado, en esos minutos finales lograban incorporar al público que gustaba de los concursos y que había dejado de ver el nuestro en Antena 3 porque se había acabado. Yo pensaba: ¿realmente soy el único en darse cuenta de la magistral jugarreta de nuestra competencia? No, nunca he sido tan listo, y mira que a veces lo parezco.

Eran muchos los que en Gestmusic, y también en la casa, lo veían claro y opinaban como yo, pero unos no podían hacer nada y otros no querían. Que por qué no querían nunca lo supe. Ya he dicho que parezco listo, pero no lo soy. También les conté en el capítulo precedente que me pasé años pidiendo, casi rogando, que ampliaran el número de preguntas escaso que tenía el formato. Pero tampoco tuve fortuna en esto. El caso es que *Atrapa* perdió interés, se hacía largo, con poco juego, exento de emoción suficiente y muy aprendido por el gran público después de tanto tiempo, y, como consecuencia, llegó la debilidad en términos de competitividad y el desvanecimiento. Yo aún no lo sabía, aunque lo intuía, y en la primavera del 14 —lo escribo así porque me suena a parte militar de guerra—, los altos mandos ya habían tomado la decisión de relevar en el frente a los soldados que allí nos partíamos la cara, cambiándonos por sabia nueva.

Lo que yo, lamentablemente, también intuía, pero no quería reconocer, es que los altos mandos hubieran llegado a la poco sabia decisión, para mí, de prescindir igualmente de mis servicios. Pero así fue. En junio o julio, no recuerdo bien, porque los malos tragos prefiero olvidarlos, acudí a una reunión en la sede madrileña de la empresa, en la que se me comunicó que el concurso que había supuesto mi regreso a la cadena sería retirado a partir de septiembre, y que se había decidido que yo no era el adecuado para presentar el nuevo concurso. Juro por mi madre que lo encajé con gran dignidad. Me sentí por momentos como un boxeador noqueado. Joder, me habían dado dos directos al mentón y, lo que es peor, a mi autoestima, y no me había caído al suelo. Bueno, vale, igual influyó que estaba sentado, cosa que los púgiles no pueden hacer dentro del ring. Pero los golpes dolieron. Tanto que no soy capaz de recordar todo lo que me dijeron. Allí estaba, en la cabecera de la mesa, aquel hombre hablando de cosas varias: que si buscaban un perfil diferente, que si alguien joven para enganchar otro tipo de público, que si ya se habían cumplido los objetivos del programa y quién sabe si los míos… Y yo pensé ¿qué objetivos? Si yo jamás tuve alguno con respecto a ese programa que no fuera el de ganarme la vida trabajando. Claro, que tal vez fuera eso lo que quería decirme, que ya me habían pagado lo suficiente. En fin, que yo solo pensaba: «Trata de no caerte, Carlos, trata de no caerte», que me parecía más importante en ese instante que arrancar el coche. Y el tío seguía. Mira que siempre fue hombre de no hablar mucho, y que era un tipo de perfil triste, pero aquel maldito día no callaba, y además parecía estar contento mientras me decía, básicamente, que me podía ir a tomar por saco. En fin, la vida.

Creo que salí de la reunión sin dar tumbos. Esto lo cuento como una victoria. Porque admitirán que lo lógico habría sido salir de allí jadeando, sudoroso, balbuceante y, sí, dando tumbos y hasta puñetazos al aire. A ver, de un plumazo me habían destrozado la autoestima, dado una lección de humildad no pedida, empujado al precipicio de un futuro incierto y dejado sin trabajo efectivo. Con sueldo, sí, pero sin trabajo. Esto es lo peor que le puede pasar a un profesional, como ya he dicho. Ser contratado y pagado, y no ser utilizado, o, si lo prefieren, ser ninguneado. Comprendí lo que era sentirse infravalorado e injustamente tratado. Alguien había decidido que mis tiempos de gloria habían llegado ya su fin, y que mi futuro en la televisión era inexistente. Había sido declarado amortizado. Así, con todas las sílabas: a-mor-ti-za-do, que impresiona más... ¡Qué coño! Enterrado en vida. Fue difícil superar esta sentencia. Casi habría preferido entonces que me hubieran diagnosticado crecimiento prostático. Benigno, por supuesto. Y digo entonces porque ahora, que ya han pasado unos años, no me hace tanta gracia que me mencionen la próstata.

Pero volvamos al lugar de los hechos en el momento en que ocurrieron. Mil miedos e ideas pasan por tu cabeza. No todas malas, pero alguna sí especialmente perversa. En momentos así te das cuenta de que cuando eliges este trabajo, eliges la incertidumbre como modo de vida. Todo puede cambiar en un segundo, o de un día para otro, y, lo que es peor, sin que intervengas en el proceso causa-efecto. Otros deciden por ti, otros manejan tus tiempos, tus trabajos; en definitiva, tu vida. Hoy estás y mañana no. Hoy eres un tipo de éxito y mañana no. Y nadie nos prepara para momentos así. Hay que afrontarlos con pena, pero sin autocompasión; con rabia, pero con determinación, y siempre con la esperanza de poder revertir la situación. Yo salí de aquella maldita reunión, a la que no tenía que haber ido, con la confianza y la autoestima desplomadas. Con un futuro más que negro, pero con la determinación de no dejarme vencer, y de demostrar sin prisa, pero sin pausa, que aquella decisión se iba a convertir en un error.

Continué grabando *Atrapa* hasta mediados o finales de agosto de aquel año. *Boom* no haría su entrada en parrilla hasta el mes de septiembre. Agradecí ese tracto. Así tenía la oportunidad de despedirme de quienes habían sido mis compañeros de viaje durante tantos años. Los había conocido en 2004 haciendo *Números locos,* también para Antena 3. En aquella época estaba muy de moda el fenómeno *Gladiator.* Había arrasado en taquilla y había obtenido cinco estupendos Óscar de la Academia de Hollywood, incluido el premio a mejor película. Allí estaba el genial Ridley Scott, que se llama como mi perro Scott, razón más que de sobra para adorarlo, aparte de por sus maravillosas películas. Y qué decir de Hans Zimmer y su banda sonora, capaz de trasladarte a Roma y al éxtasis. Y, por supuesto, mi *Gladiator,* el por entonces atractivo, apolíneo y seductor Russell Crowe. Muchas frases de esta película, escrita por David Franzoni, entre otros, se hicieron célebres. Una de las que más me gustan es la que pronuncia Russell tras la victoria en la batalla inicial contra los pobres bárbaros: *Roma vicit*; o sea, «Roma ha ganado». La usábamos como grito de guerra en Barcelona, en los estudios de Gestmusic. Lo hacíamos todos: los cámaras, los redactores, las maquilladoras; en fin, todos, precisamente para darnos ánimos, para ser cómplices y para crear equipo.

Años después, hoy en día, tras el estreno exitoso de *Miles Gloriosus* en el Festival de Teatro de Mérida, que, por cierto, dirige quien ya es un buen amigo, Jesús Cimarro, toda la compañía nos juntamos instantes antes del comienzo de la función y colocamos nuestras manos unidas, unas sobre otras, para infundirnos valor y temple, y desearnos suerte y triunfo al grito de *ROMA VICIT!* Sí, soy supersticioso, tengo mis ceremonias y mis manías antes de empezar una función. Y hacer televisión, grabar una jornada en estudio con tus compañeros es también tener una función, aunque con efectos diferidos en el tiempo. Por fin, diez años después, llegaba el momento de despedirme de los Pirri, Álex, Marta, Montse, Angelie, y tantos otros compañeros de los que me sentí cómplice y amigo. Gracias a su actitud y a su empatía, me fue posible disfrutar aún más de mi trabajo y llegar incluso a ser feliz más de una vez en las largas y maratonianas jornadas de grabación en Barcelona. Además, tanto puente aéreo me anticipó la consecución de la tarjeta platino de Iberia primero y de la infinita después. Han pasado casi diez años y no he vuelto a trabajar con ellos, salvo por la excepción de *The Wall* (un concurso fallido por lacrimógeno), pero siempre los echaré de menos y los llevaré conmigo como parte de mi vida.

* * *

A pesar de lo contado, continué en Antena 3. ¿Me estaba equivocando? ¿Habría posibilidad real para un presentador desahuciado de conducir algún programa? Más retorcido todavía, ¿alguna posibilidad de presentar algún programa relevante? Debí entender que mi tiempo allí había acabado, pero mi orgullo y mi necesidad de demostrar que se equivocaban me llevaron a quedarme. Bueno, eso y un buen contrato en términos económicos por un año más. Pero tenía claro que quería continuar para revertir la situación. Esto demuestra que, a pesar del golpe, no me había terminado de dar por vencido. No había interiorizado el discurso del enemigo. No me había creído que estuviera amortizado y, desde luego, estaba dispuesto a demostrar que la razón caía de mi lado y no del suyo. Lo del buen contrato que me ofrecieron, teniendo sobre todo en cuenta que no iban a contar conmigo, supongo que se debía a que había quien quería que no me fuera. O puede que tal vez no quisieran que me fuera tan pronto. No lo tuve claro. A veces, para evitar que la competencia te contrate, te mantienen en nómina. En esto somos como en el fútbol: no queremos que el chaval juegue en el equipo, pero no lo liberamos, no vaya a ser que el muy capullo se salga en el equipo nuevo y nos haga pupa. Fuera por una cosa o por otra, por cariño y querencia verdadera (que es lo que siempre quise pensar), o por interés y estrategia, el caso es que continué todo 2014 y todo 2015 en la misma cadena. Lamentablemente para mí, la falta de actividad hizo que ese año y medio se convirtiera en una eternidad.

Dicho de otro modo, que cometí un craso error. Como el que cometió Craso cuando visitó a Ptolomeo en Egipto. Le costó la cabeza al militar romano, y a mí casi me cuesta el honor, que, según Calderón, es patrimonio del alma. ¡Y el alma solo es de Dios! Pero, como el alcalde de Zalamea, estaba dispuesto a conseguir justicia, y a fe de alcalde que la conseguí.

Aunque esa es otra historia. De momento, para acabar con esta, debo decir que nunca nos dejemos llevar por el miedo o la inseguridad. Te hace perder oportunidades que incluso pueden cambiar tu vida. Si me hubiera ido al final de 2014, tal vez habría abierto la caja mágica de las sorpresas. Ahora nunca lo sabremos. Esa mágica caja la tiré al fondo del mar con mi actitud remisa. Uno es dueño de su destino, pero solo si hace cosas para favorecerlo. Si te quedas quieto, si no te mueves, la vida tampoco se moverá. Por eso hay que ser valiente y tomar decisiones. El error siempre existe, pero sin el encanto del error no existiría el éxtasis del acierto.

18

LA RESURRECCIÓN: DE REPARTIR MILLONES A COMPARTIR AMORES

«No juzgues cada día por la cosecha que recoges, sino por las semillas que plantas».

ROBERT LOUIS STEVENSON

Me había despedido de mi audiencia en la celebración de las uvas de 2016. Mi último día de trabajo efectivo en la cadena fue un regalo absoluto. Dar las Campanadas; de hecho, así se considera. Bueno, yo no lo veo tan claro. Está bien darlas una vez, pero cuando lo haces demasiadas veces, terminas convirtiendo en rutina lo que debe ser una maravillosa noche de fin de año. Además, sacrificas a tu familia, que tiene que pasar la fiesta sin ti, y tú mismo te pierdes un momento tan especial. En cualquier caso, mi última noche de trabajo fue mágica. La disfruté acompañando a Cristina Pedroche, que realmente es quien convoca al público con sus atrevidas sugerencias y provocativos vestidos. Pude despedirme de los compañeros y me fui a dormir con el convencimiento de que había perdido un año de mi vida como profesional, pero con la esperanza de que se cumpliera el viejo refrán español: «Año nuevo, vida nueva».

Y fue así porque quisimos que así fuera. Qué importante es la determinación. Hay que querer hacer cosas y hacerlas. Sin remilgos. Yo iba a culminar las negociaciones que había comenzado en el último trimestre de 2015 comprando en febrero de 2016 el Teatro Reina Victoria. ¿Que si quería comprarlo? Ni loco. Tampoco tenía dinero para hacerlo, aun siendo de Bilbao. Yo quería gestionar un teatro. Distribuir funciones de otras compañías y, de paso, dar salida a las mías sin tener que depender de otros empresarios. Quienes producimos teatro sabemos que estar en manos de otros es terrible porque finalmente nos condicionan y a veces hasta nos distorsionan los calendarios. Pero la familia propietaria del Teatro Reina Victoria, los Folguera, que eran encantadores y educadísimos, no querían alquilarlo. Solo venderlo. Me costó conseguir el apoyo financiero, y sobre todo convencer a mi mujer, que nunca vio claro este esfuerzo ni esta iniciativa. Pero finalmente lo compramos, y comenzamos a gestionarlo bajo nuestro criterio a principios de abril de ese mismo año. Unos días antes de que saliera al aire un nuevo proyecto televisivo en una nueva cadena.

En enero del recién comenzado 2016, fui a las oficinas que mi empresa tenía entonces en San Sebastián de los Reyes.

Al salir del ascensor, la vida, que está llena de casualidades, me proporcionó una maravillosa. Me topé con Yolanda Campayo. Se sorprendió. Me sorprendí. Los dos preguntamos al otro qué hacía por allí. «Bueno —le dije yo—, tengo aquí mi oficina». «Mira —dijo ella—, pues yo he venido buscando espacio para realizar aquí una grabación». «Bueno, pues mira qué bien», debimos de pensar los dos. Hablamos del tiempo que había pasado desde nuestra última coincidencia profesional *(El tercero en discordia)* y nos despedimos. Nada más ocurrió. Nada. Pero el universo comenzó a juramentar. El destino comenzó a tejer y aunar nuestras vidas. El misterio se apoderó de nuestros designios.

Pocos días después, Yolanda me llamó. Al cruzarse conmigo, sintió curiosidad por mi situación e investigó en mi Instagram. Allí comprendió que era probable que estuviera en el paro y sin compromiso profesional alguno, porque había visto mi mensaje de despedida de la audiencia el día de las Campanadas. Me preguntó a este respecto. Le contesté que estaba en lo cierto. Me preguntó si tenía ofertas de algún tipo. Le dije que solo el futuro inmediato de hacerme cargo de uno de los mejores teatros de Madrid y dedicarme a la producción. Y entonces me soltó la bomba. Estaba preparando un programa y quería hablarme de él. «Claro —le dije—, no hay problema». Y quedamos, y he aquí que me habló de un formato de citas inglés que la productora Warner, para la que trabajaba, había estrenado con éxito en Londres y que ahora querían estrenar en España. «¿De citas?», le pregunté. «Sí —me contestó—, es un *dating*. Pero con una vuelta de tuerca muy interesante». Lo había comprado Mediaset y querían programarlo en Cuatro, su segundo canal de referencia.

A ver, un *dating* y en un canal secundario. *A priori* sonaba un tanto inquietante. Tenía la pinta de ser un experimento de los que se agotan en el primer capítulo. Me preguntó si quería ver el programa en su versión original. «Por supuesto», dije yo, obviando que mi inglés era como el de la mona Chita. Digo era porque ahora estoy ya al nivel de Tarzán. Me pasó el programa, lo vi. Me encantó. Era una fórmula innovadora, un programa de citas en un restaurante, con la mediación de un equipo de camareros y de un *maître*. Nada que ver con los *datings* de toda la vida. Fresco, realizado al modo de *Gran Hermano,* con más de cuarenta cámaras disimuladas, con una puesta en escena cuidada y una edición meticulosa y brillante. Me chifló. El *dating* del que me hablaba acabaría siendo conocido como *First Dates*. Escrito está claro, ya pronunciado la cosa cambia. He oído tantas formas de pronunciar el título que a veces creo que presento múltiples programas. Aquella noche le enseñé el programa a mi mujer, a mi hija Ari y a mi suegra Mariel. Tres generaciones frente al mismo programa. Tres puntos de vista diferentes y tres reacciones distintas. Pero solo una verdadera: el programa era distinto. A partir de ese instante, mi cabeza se llenó de razones para presentarlo. Era un formato inglés, como *¿Quién quiere ser millonario?,* y, al igual que este, de hacerse, España sería el primer país tras el Reino Unido en emitirlo. Era un formato de citas, por lo tanto, nada que ver con la imagen que el público tenía de mí hasta el momento, como presentador de concursos. Era cambiar el paso. Mostrar otro registro. Sorprender. Reinventarse profesionalmente. En un canal pequeño, Cuatro, y ya saben mi opinión sobre los posibles de cadenas y canales pequeños: desde ellos se puede alcanzar el mayor de los objetivos. Y para colmo suponía trabajar desde ya, fichando por la competencia directa, además, y demostrando así que otros no me consideraban amortizado, que no dudaban en darme nuevas oportunidades. Todo estaba a favor para decir sí. ¿Y qué dije? Tic-tac... Tic-tac... ¡Que sí!

No fue tan fácil. En Mediaset alguno mostró dudas. ¿Carlos de *maître*? ¿En un *dating*? De hecho, tuve que grabar un piloto para demostrar que podía dar el papel que la cadena y la productora querían. Y lo hice, claro está. Recuerden sobre lo que pienso de hacer pilotos o pruebas: que son la mejor manera de mostrar tus habilidades, o tus talentos, y por lo tanto la mejor manera de conseguir trabajo. O de perderlo, claro. Que hay que estar a las duras y a las maduras.

El visionado tuvo buen resultado, y a los pocos días estaba inmerso en la negociación de mi sueldo, primero, y en la grabación del programa, después. Se estrenó en abril de 2016, y fue un programa bendecido, es decir, de esos programas que desde el primer minuto llaman la atención del público y que, además, con el tiempo van creciendo en audiencia hasta asentarse como un referente. Es lo bueno que tienen también los diarios, que consiguen una mayor fidelización.

First Dates pronto demostró que iba a ser un éxito de la cadena. Contaba, además, con una ventaja maravillosa, y es que el programa era muy trasversal. Es decir, que gustaba a público de todas las edades, y de formación, orígenes y puntos de vista muy distintos. El programa, con el tiempo, se ha gando el título de «buque insignia», pero no ya para la cadena, sino para mí. Es mi otro gran formato junto a *¿Quién quiere ser millonario?* y *Date el bote.* Incluso por encima de *Supervivientes* o de *Atrapa un millón.* El programa ha calado tanto en la calle que quienes me ven ya no me piden que les levante una ceja como antaño. Cosa que, por cierto, yo agradezco, porque con la edad estoy perdiendo la capacidad de levantar cualquier cosa. Ahora los paisanos me piden que les busque pareja. Hasta me dan sus preferencias. Yo hago de tripas corazón y les sigo la corriente. Porque claro, hay casos imposibles. Algunas veces incluso lo verbalizo. «Carlos —me inquieren—, ¿tú crees que puedo ir a *First Dates?*». «Sí, por supuesto —les contesto—. Puedes, pero yo creo que harías mejor yendo a Lourdes a visitar a la Virgen». A ver, en el amor, da igual ir al programa que vivir la realidad. No es fácil, especialmente para algunos, encontrar a su media naranja. Además, todos somos muy especiales y necesitamos mucho tiempo para decidir con quien compartir la vida. Aunque el amor a primera vista... ¡Existe!

En cualquier caso, la aceptación del programa sigue siendo maravillosa, y está claro que uno es muchas veces hijo de lo último que ha hecho. En el caso de *First Dates,* ha conseguido cambiarme en el imaginario de la gente. ¿Lo ven? De nuevo, un programa pequeño, desde un canal pequeño, llega más y mejor al espectador que una superproducción desde un canal dominante. Vamos camino de cumplir ocho estupendos años y en emisión diaria. Yo no quiero dejarlo. Nunca. Lo siento como un hijo. O lo observo como un padre, porque, al fin y al cabo, le di mi amor desde el primer día. Y así quiero que siga siendo. Por eso, cuando algún miembro del *staff* del principio se marcha, siento esa pérdida como la de un amigo. Es como si la vida te fuera quitando seres queridos a quienes has conocido en profundidad, y con quien has hecho equipo aceptando un reto, un desafío que te ha llevado tiempo, esfuerzo y también cariño.

A menudo me preguntan, de hecho es la pregunta más habitual, si lo que ocurre en el programa es real. Por supuesto que lo es. A nadie se le dice lo que debe contar. De hecho, algunos, cuando llegan al restaurante, cuentan menos de lo que contaron en el *casting* para participar. Y otros te sorprenden y te cuentan cosas que de ninguna manera podías sospechar. Son personas adultas y libres, y así actúan. La mayor parte de la conversación, además de las preguntas obvias, surge a raíz de lo que cuentan. Allí y en ese momento. Y las dificultades para encontrar el amor son las mismas que en la vida real. No conozco un programa ahora mismo con la frescura y la libertad que ofrece *First Dates*. A veces leo o escucho comentarios críticos con él. He visto listas de los programas peor considerados en las que estaba. No me lo creo. No creo que el público de verdad piense así. Creo que, en ocasiones, los intereses editoriales, que los hay, hacen perder la objetividad a ciertos medios. Estoy seguro porque no se podría explicar de otra manera la desconsideración al programa de citas de Cuatro. Sinceramente creo, además, que muchas personas, con independencia de que el programa les guste más o menos, comprenden los valores positivos que encierra este *show* del amor. *First Dates* ayuda a naturalizar enormemente los géneros y las tendencias sexuales. Pero también nos permite comprender cómo somos en el amor individual y colectivamente, como sociedad. Y nos trasmite tolerancia. Y comprensión. Y nos muestra muchas formas de pensar en política, en costumbres, en alimentación, y siempre con dosis elevadas de respeto y educación. A todos tratamos por igual, y con todos procuramos estar a la altura de las exigencias debidas. Al fin y al cabo, trabajamos con material muy sensible: las personas y su necesidad de encontrar pareja, amor o simplemente compañía. Lo que no quita para que alguna vez llegue alguien con poca fe y muchas ganas de lucirse, o simplemente de hacer el ganso. Pero como en la vida misma.

* * *

He afrontado otros muchos programas en Mediaset con diversa suerte, como es natural. Grandes éxitos de audiencia, como *Volverte a ver* o *Supervivientes;* y decepciones como *El precio justo* o el brillante *The Wall.* Ya hemos dicho que el éxito en términos de audiencia es uno, y el éxito en términos de esfuerzo, profesionalidad y trabajo bien resuelto es otro. A los que nos dedicamos a este negocio nos prestan más atención en este segundo aspecto. Y es que se pueden ganar o perder los partidos, incluso las ligas, pero no por ello dejar de ser buen profesional, de tener talento o carisma, o de contar con la fidelidad del público. Para quienes puedan pensar que *First Dates* con su éxito es una venganza contra mi antigua casa, quiero aclararles que es una venganza contra el infortunio, contra el mal resultado, contra el destino injusto e injustamente aceptado, contra las dificultades, contra la falta de fe, contra la desidia, el conformismo, la autocompasión, y las excusas para no dar la cara. Ahí estuvo y estará siempre mi venganza. En ningún otro lado. Para mí lo importante ha sido siempre seguir en la brecha, resistir. Trabajar para mejorar, responder a las expectativas, cumplir. Es lo que hace que mi profesión sea siempre hermosa.

Por lo demás, en estos más de siete años que llevo en Mediaset he sido realmente feliz, muy feliz. Me he sentido respetado, querido y hasta admirado. Nosotros, presentadores y actores, somos frágiles, y dependemos mucho de la confianza que nos trasmitan. Una mala cara, un gesto torcido, no digamos ya un reproche expreso, pueden hundirnos porque nos provocan inseguridad en nuestro trabajo, en nuestro enfoque del papel, o del rol que nos toque en cada caso. Podemos terminar perdiendo la fe en nuestra propia capacidad de asumir un reto y sacar adelante un trabajo. Decir adiós a nuestra autoestima, vamos.

Por eso importa que los directivos de las cadenas, como los productores de las películas o los directores, tanto en la tele como en el cine o el teatro, sepan tratar con respeto y con cariño a sus «muñequitos». Porque si hay algo que no somos, es «muñequitos». Somos personas especialmente sensibles, vulnerables hasta límites insospechados, y casi todos, como los niños en el colegio, respondemos mucho mejor a los estímulos positivos que a los negativos. Quien quiera sacar cosas de nosotros debe saber hacerlo con paciencia, con sonrisas y con buenas palabras. Ante este tipo de estímulos en que nos sentimos respetados, damos siempre lo mejor de nosotros mismos. Claro que todo esto que he contado, a veces nos convierte en un verdadero coñazo.

Afortunadamente, he encontrado esta actitud en Mediaset. Jamás me han hecho un solo reproche. Más bien al contrario: me han aupado, animado, cuidado y hasta protegido. No se puede pedir más. No estoy dando a entender que en otros lugares no me trataran bien; en absoluto. Porque, en general, siempre me he sentido bien tratado en la profesión. Pero es una realidad que, como en esta etapa, que intuyo va a ser la última, para mí, digo, no para la televisión, no me han tratado tan bien jamás. Quizá tenga que ver con ello que la propia cadena está inmersa en un proceso de cambio, de búsqueda de una nueva identidad y de una manera distinta de relacionarse con el gran público. Pero yo ya viví situaciones de crisis en otros canales, con otros directivos, y la respuesta no fue tan profundamente humana como aquí.

Por eso afirmo que me encuentro, desde el año 2016, en mi mejor momento personal y profesional. Aúno las dos realidades de mi vida porque están unidas. Son las dos caras de la moneda. No tiene sentido la una sin la otra. Normal, porque mi profesión es mi pasión, y mi trabajo es mi sueño; mejor aún, mi ensoñación de la felicidad. Gran parte de mi felicidad me la ha causado encontrarme con equipos en las productoras de mis programas absolutamente maravillosos. Esto me quedará hasta el día de mi despedida, de la tele y de la vida. Decenas de directores, productores ejecutivos, guionistas, montadores, realizadores, cámaras, etcétera, que llenaron mis horas de trabajo de años de felicidad. Le debo tanto a tantos que me sentiré en deuda siempre.

Pero no todo ha sido disfrutar del medio televisivo. He procurado siempre hacer otras cosas porque sirven para dimensionar, y también para relativizar mis aciertos y mis fallos como presentador. De hecho, me ha dado tiempo, y he tenido ganas de hacer muchas cosas distintas. Me ha dado tiempo a realizar varias producciones teatrales (*Asesinos todos, Miles gloriosus*), a endeudarme para comprar un teatro, a vender el teatro para liberarme de las deudas, a leer, a escribir, a escuchar música, a no bailarla, a presentar convenciones, a trabajar para empresas distintas, a hacer publicidad, a viajar, a estar con mis hijas, a ver a los amigos y a la familia, aunque no tanto como quisiera; a abrazar causas nobles, a seguir a mi Athletic (esto sí que es una causa noble, de las que sirven para que te santifiquen), y a seguir a los equipos de Madrid también porque es la ciudad que me acogió; a cuidarme, a descuidarme, a interesarme por las cosas de mi país, a no entender a mi país, a quererlo; y a sufrir reveses de salud también.

Estos últimos nos recuerdan que hay que disfrutar al máximo del camino que se recorre porque el final, por muy lejano que se sienta, siempre está junto a nosotros, en un horizonte al que, por lejano que parezca, acabamos llegando. Y no pasa nada en absoluto. Es cierto que no queremos morir. Desde luego, no hoy. Ya veremos mañana. Claro que todos podemos cambiar de opinión sin avergonzarnos. Sin acritud. «... Quien lo ha vivido lo sabe».

19

Nadie es eterno

«Cánsate ya, oh mortal, de fatigarte
en adquirir riquezas y tesoro,
que últimamente el tiempo ha de heredarte,
y al fin te dejarán la plata y oro:
vive para ti solo, si pudieres,
pues solo para ti, si mueres, mueres».

El escarmiento, Francisco de Quevedo

Ya que hablé de la muerte en el capítulo anterior, empecemos este hablando de la muerte. Son palabras, las de arriba, que tratan de evitar el miedo a la muerte. Pero, claro, la mayoría de nosotros no le tenemos miedo a ella; tenemos miedo al proceso de morir. Ese miedo yo siempre lo he sentido. Miedo al sufrimiento, a la noticia de una muerte obligada, al dolor. Aunque, a medida que pasa el tiempo y me hago viejo (no me importa usar esta palabra), siento que la naturaleza nos ayuda a encontrarnos con ese momento inevitable que, además, da sentido a nuestra vida. Por eso decía yo que no queremos morir hoy, sanos y con agenda. Pero mañana, ya veremos. Y la vida, por si lo olvido, viene a recordármelo haciendo que alguien tenga la brillante idea de construir un tanatorio a escasos cincuenta metros del inmueble donde grabamos el programa del amor.

Yo sentí miedo a la muerte cuando en febrero de 2019 Patricia sufrió un tremendo derrame cerebral. Estaba en el edificio en el que grabamos cada día *First Dates,* y contento porque de madrugada volábamos Patricia y yo, en compañía de un matrimonio amigo, a Santiago de Chile. Queríamos conocer la capital, llegar hasta Valparaíso, conocer el desierto de Atacama y alcanzar Tierra de Fuego. Un viaje largamente esperado. Y muy preparado. Siempre preparo bien los viajes. Quiero saber dónde voy y qué voy a ver, para así sorprenderme luego con lo que realmente veo. Es como un programa de televisión. Hay que estudiar hasta la saciedad el guion porque la seguridad que te da es la que te permite, en verdad, IMPROVISAR, con mayúsculas.

Cuando sonó mi teléfono en plena grabación, tuve la intuición de cogerlo. Normalmente no lo hago. No quiero interrumpir. De hecho, salvo en *First Dates,* en que el decorado (un restaurante) lo permite, nunca llevo el móvil a un plató. Bueno, alguna vez lo he hecho. Y en un directo, en una ocasión sonó y contesté. Creo que dije que era mi madre llamando porque no le gustaba el programa. Pero, en esta ocasión, un ligero pellizco me apretó. No sé por qué. Tal vez me extrañó que fuera de Carlos García, gerente de nuestro teatro, o tal vez sentí un algo especial. Yo qué sé. Lo cogí. Al otro lado, Carlos, con un tono absolutamente tranquilo, vino a decirme que Patricia había sentido un pequeño desvanecimiento en la oficina del teatro. Como si hubiera tenido un bajón de azúcar. La verdad es que le pasaba con cierta frecuencia. Los bajones de azúcar formaban parte de su expediente médico regular. Era comprensible que le hubiera pasado una vez más. No había por qué sospechar nada malo.

Pero a mí todo me sonó falso. Pensé que algo extraño le había ocurrido. Incluso llegué a pensar que había muerto y no querían decírmelo. Tremendo lo mío, lo sé. Colgué el teléfono, le dije a mi directora que se habían llevado a mi mujer al hospital Ramón y Cajal, me cambié de ropa y me marché. Todo el camino iba pensando en lo peor. No me fiaba.

Cuando llegué al hospital, pude ver a mi mujer. Estaba casi inconsciente. Entendí entonces que hubiera tenido la intuición de coger la llamada. Era obvio que le pasaba algo grave. Salí del cuarto donde la habían ingresado temporalmente y busqué una bata blanca. Pregunté qué le había ocurrido exactamente a mi mujer, y me dijeron que había sufrido un derrame cerebral cuyo alcance estaba por determinar. Volví a entrar en su habitación. La vi molesta, como preocupada. Como si estuviera teniendo pesadillas. Se quejaba y se movía de un lado a otro. Hacía ruidos extraños y se quejaba de forma permanente, como si le doliera la cabeza una enormidad. Y le dolía. Y yo pensé que le iba a reventar.

La llevaron a hacer un escáner, y cuando salían de la habitación, me dirigí a la doctora que se ocupaba de ella y le pregunté cómo estaba. «Mal —me dijo—, está mal. A ver, tiene un derrame muy intenso. La sangre le ha invadido los cuatro lóbulos cerebrales». Me impacté. Pensé que aquello sonaba demasiado mal. Un derrame a su edad parecía una condena anticipada. El médico que se haría después cargo de ella me sacó de mi ensimismamiento para pedirme permiso para practicarle una incisión craneal a fin de reducir la presión que ponía en peligro su vida. «Claro, doctor, haga lo que tenga que hacer», le dije. Pasaron un par de horas hasta que vinieron a contarme que Patricia se quedaría ingresada en la UCI bajo vigilancia continua.

Me derrumbé. Empecé a pensar qué sería de mis hijas y de mí mismo si ella faltaba. Por mi memoria pasó el día que la conocí, nuestro primer beso, la primera discusión que tuvimos, el nacimiento de la pequeña Natalia, su enfado cuando compré el teatro, sus lágrimas cuando murió Álvaro, su padre, a quien adoraba; nuestro primer viaje, que fue con una compañía aérea inmunda a Cartagena de Indias, y otras muchas cosas más. Mil recuerdos me vinieron. Mi cerebro se afanaba en recordarla sana, viva, feliz, sonriente y a mi lado. Lloré un buen rato, egoísta e impotente. Una profunda pena me invadió. Habíamos construido muchas cosas juntos. Habíamos pasado los mejores años de nuestra vida juntos, y ahora un derrame amenazaba con arrebatármela.

Fueron momentos duros. Y egoístas, muy egoístas porque yo pensaba en mi mundo, en mi vida derrumbada, sin darme cuenta de que, en realidad, lo que importaba era que su vida se escapaba.

Esos momentos duros duraron poco. Soportó bien la trepanación. Soportó el dolor, todo lo soportó. Mostró una fortaleza sin igual, infinita. Gracias a eso, prácticamente desde el primer día de ingreso, hubo esperanzas de que se salvara. No querían decir en qué estado quedaría, pero a mí eso ya no me importaba. Yo la quería viva, a mi lado. Insistían en los posibles efectos secundarios, pero yo me aferraba a la vida, a su vida. Luego ya veríamos.

Necesitó una semana. Una semana, con sus días ruidosos y sus noches en vela, llegó a estar ingresada. Sufrió, aunque ella ya no lo recuerda. De hecho, nunca fue consciente de su dolor. Tuvo muchos momentos en que recuperaba la consciencia y aprovechaba para mostrarse como ella es: alegre, simpática, risueña; sencillamente encantadora. Todo el mundo se enamoró de ella. Fue la estrella de la UCI, de la planta, del hospital. Finalmente le diagnosticaron un cavernoma. A mí aquello me dio esperanza. Recordaba que nuestro gran ciclista Alberto Contador había sufrido un cavernoma que lo había obligado a abandonar, entre convulsiones, la Vuelta a Asturias, y del que, a pesar de lo aparatoso del caso, ha llegado a recuperarse perfectamente. Por eso, quizá insensatamente, creí que se trataba de un buen diagnóstico.

Al octavo día llegó el alta. Salimos rápido del hospital, pero preocupados aún por las secuelas. Su primer día en casa, pensé, la calmará y la relajará. Me equivoqué. Su primer día vino seguido de su primera noche, y en esa primera noche tuvimos que pasar el peor de los tragos. Primero fueron unos terribles dolores de cabeza que la hacían llorar desconsoladamente mientras me pedía de forma desgarradora que la devolviera al hospital porque era allí donde se sentía segura. Después, espasmos en la cama, gemidos, dolor permanente, sin pausa. Cuando a la mañana siguiente nos levantamos, tras una noche de horror y dolor, quiso ducharse para volver al hospital. Aún la recuerdo llorando en la bañera, encogida, porque al lavarse la cabeza se le cayeron mechones y mechones de pelo. Lloraba como una niña, sin parar, con temblores, y preguntando continuamente qué le estaba pasando. Tuve entonces un pensamiento revelador: «Cariño —le dije—, no se te está cayendo el pelo, no te preocupes. Lo que ocurre es que, al trepanarte, te cortaron mechones que se han quedado pegoteados por causa de la sangre que se derramó en tu cabeza. Pero en cuanto te los quites todos, ya verás que tu pelo sigue siendo el de siempre». Se los quitó. Pero su pelo, obviamente, no era el de siempre. Tenía mucho pelo cortado, pegado primero y perdido después.

La llevé al hospital. Apenas podía andar. No daba crédito. Parecía una anciana de extrema edad. Se movía a pasitos cortos. Gritaba, lloraba. Me miraba, impotente ante lo que le pasaba. Sin entender nada. Yo tampoco. Después de todo, acababan de darle el alta. ¿Para qué lo hicieron si no se encontraba del todo recuperada?

Hablé con los médicos que la atendieron, y les expliqué todo lo que había pasado, lo que había pasado ella. Le hicieron pruebas y, ¡oh, señor!, descubrieron que tenía meningitis. No sabían si era vírica, bacteriana o química. La decisión fue un nuevo ingreso y someterla a una triple medicación para combatir el origen de la meningitis.

¿Creen ustedes que a Patricia le importó ser ingresada de nuevo? Yo pensé que no lo soportaría, que se vendría literalmente abajo. Pero no, ella no. Ella se convirtió, por mor de esa decisión, en una mujer feliz. Ingresada se sentía protegida y cuidada. Allí aliviaban su dolor y su sufrimiento desde el minuto uno. La vi tan feliz que estuve por celebrar el diagnóstico.

De nuevo, la tuvieron ingresada una semana. Afortunadamente para todos, no hubo complicaciones, y recibió el alta y pudo, ahora sí, sonriente y feliz, regresar a casa. Siempre estaré agradecido a todos los que pasaron por el hospital a verla, a mimarla, y a darme a mí cariño y apoyo. Y a las enfermeras del maravilloso hospital, y al doctor Ley, que la atendió; y al doctor Ángel Martín, que se preocupó tanto por ella. Bueno, infinitas gracias me parecen pocas.

Es un privilegio estar rodeado de gente que te quiere, te cuida, te ama. Esta es una de las cosas buenas que nos llevamos de aquel mal momento. Estuvimos muchas semanas después de prueba en prueba. Haciendo seguimiento de su evolución. Las noticias que nos daban no eran del todo alentadoras. Llegaron a decirnos que podía sufrir varios derrames más. También nos contaron que la intervención quirúrgica para extirpar el cavernoma no era aconsejable por la situación en la que se hallaba. Para llegar hasta él, había que atravesar zonas del cerebro especialmente expuestas a cualquier desgracia. Especialmente la zona del habla y de la comprensión. Fueron semanas difíciles también. Pero la actitud de Patricia, estoy seguro de ello, le sirvió para superar todas las amenazas. Con el tiempo, los médicos diagnosticaron que el cavernoma había desaparecido. Un misterio. Nadie supo explicar cómo ni por qué. Pero había dejado de ser un okupa en la linda cabecita de mi mujer amada. No ha habido más secuela que alguna que otra jaqueca, eso sí, fuerte. Y la superstición maldita que, desde 2019, nos impide a Patricia y a mí viajar a Chile. Hemos sacado este país de nuestra agenda. No queremos ir. Nos da miedo tentar a la suerte. Algún día recuperaremos la cordura y tal vez nos planteemos siquiera un viaje relámpago. Pero, de momento, Chile no es un destino, sino un desatino para nosotros.

La enseñanza de aquellos días no fue otra que la comprensión del amor que le tengo y la relativización de cuanto nos rodea en la vida. Las cosas importantes de verdad son pocas. Y hay que cuidarlas. La salud, el amor, la familia, los amigos, el tiempo para uno mismo y para los tuyos, y la paz espiritual. No, no se preocupen, no me he puesto a practicar yoga, ni medito entre rocas, ni canto al agua o a la luna. Pero quiero paz en mi vida. No quiero malos rollos, ni discutir, ni enfadarme. Y quiero llamar a mi madre para saber cómo está, y a los amigos a los que veo de ciento en viento. Y quiero hacer deporte para mantenerme bien, y ser simpático y empático a más no poder. Sin ser almibarado, por supuesto. Y quiero ver teatro, y cine, y escuchar música, y viajar constantemente. Y enseñar el mundo a mis hijas, y llevar a mi madre a conocer la luna. Y perder el pudor, ese pudor que te impide conocer a personas y disfrutar de ellas. Y quiero hacer feliz a los demás. Por eso hago teatro y presento programas de televisión, y hago películas de cine (si me contratan alguna vez, claro), y hasta escribo libros. No lo hago para ser famoso, ni para ganar dinero (aunque no estoy dispuesto a hacerlo gratis, ojo), ni para ser mejor que nadie, ni siquiera para que me llamen *crack* o me digan que soy el puto amo. Lo hago porque quiero hacer felices a los que me rodean. A ustedes. Por eso, cuando me sale algo mal, me contrarío, pero no me deprimo. Por eso, cuando las audiencias son malas, no me hundo, sino que veo la oportunidad de hacer algo nuevo que guste más y vaya mejor. Por eso, cuando me encuentro con *haters* que expresan su placer por «fracasar» (según ellos), no hago mala sangre ni dedico tiempo a contestar. Voy a lo mío. A intentar ser feliz haciendo felices a los demás. No hay otra cosa. No quiero otra cosa. No pido otra cosa.

Bueno, sí, que la Agencia Tributaria no nos toque tanto las narices a los actores. Que casi parecemos los Al Capone del siglo XXI. ¡Por Dios!

20

REDES

«Ande yo caliente, ríase la gente».

LUIS DE GÓNGORA

Las palabras son el primer medio de expresión de nuestros pensamientos, nuestras emociones, nuestros deseos. Por eso dañan y sanan. Las palabras son como las armas, o tal vez sean las armas como las palabras. Porque pueden ser bien o mal utilizadas. Permiten, además, tonos, intenciones y volúmenes que, en sus diversas combinaciones, dan lugar a múltiples interpretaciones. La misma expresión, en puridad absoluta, puede conllevar resultados diferentes. Manejar bien las palabras es un arte. El arte de la palabra. No todo el mundo lo tiene, como no todo el mundo lo entiende. Pero este capítulo, breve en extensión, quiere hablar de uno de los muchos lugares donde pueden volcarse las palabras, y de los efectos de la multiplicación de sus influencias por el medio en que se emiten: las redes.

No soy un crítico acérrimo de las redes. Son necesarias. Han cubierto un hueco, el de la comunicación no controlada y masiva, que ahora ha quedado bien cubierto. Las redes facilitan que cualquier información en cualquier lugar del mundo, por remoto que sea, nos llegue casi al instante. Las redes democratizan la comunicación, que ya no está en manos exclusivamente de los intereses particulares de las grandes empresas o de los Gobiernos. En pura teoría en principio. Porque claro que hay maneras de controlar la información, y de manipularla, y de restringirla llegado el caso.

Pero no es este aspecto el que me interesa ahora. Aun admitiendo el progreso social y libertario que pueden suponer las redes, y la facilidad de transmisión que proporcionan a la información y a su difusión, y aun reconociendo que dan palabra a todos, y en todos los sitios, no podemos dejar de considerar con cierta actitud crítica su uso excesivo, ni tampoco los abusos que se cometen a través de ellas.

Una de las cosas que todos hemos detectado de inmediato es que teniendo redes abrimos la puerta, aunque sea la del patio trasero, a los enemigos, los confabuladores interesados, o simplemente a las malas gentes. Es así. Les dejamos entrar en un lugar aún más privado y privativo que nuestras casas. Les dejamos entrar en nuestro pensamiento. Y entran. Y nos contaminan. Y esa es su intención. Contaminarnos, contagiarnos rabia, o simplemente destruirnos como personas o como profesionales. Cualquiera puede colgar un bulo en una red. Y el bulo, por llamativo y sorprendente que parezca, puede convertirse en *trending topic* y llegar a millones de personas, causando de esta manera un daño que está muy cerca de ser irreversible.

Además, la democratización vulgarizada de la opinión permite que millones de personas puedan opinar sobre cualquier cosa que acontezca de orden político, económico, jurídico, periodístico, artístico o cualquier otro aspecto de relevancia. Da pánico pensar que personas sin formación, ni cultura, ni un mínimo de inteligencia emocional puedan formar parte de un jurado que decida la suerte de un acusado de asesinato. ¿Se imaginan? Piense en usted mismo, acusado de un crimen que no ha cometido, sometido a juicio conforme al ordenamiento procesal español. ¿Verdad que querría que las personas que formaran parte del jurado fueran mínimamente normales, honestas e inteligentes? Ni que decir tiene que, además, a usted le gustaría que los miembros de su jurado escucharan antes de hablar, y que no lo insultaran al referirse a los actos que usted hipotéticamente realizó. Esperaría usted paciencia, cordura, sentido de la justicia y conocimiento del medio, para que su posible ignorancia no acabara perjudicando sus intereses.

Pues todo esto, precisamente, es lo que no tiene lugar cuando hablamos de las redes sociales. En ellas es posible leer opiniones de personas que desconocen por completo el tema sobre el que opinan. Y, por supuesto, existe mucha tendenciosidad. Y, además, mucha gente que vuelca toda su rabia contra el mundo que le ha tocado vivir.

Manejarse en esta jungla puede ser altamente contaminante. Hay quien cree que es invulnerable, que su formación lo protege del posible daño de opiniones indiscriminadas. No se fíen. He visto reacciones virulentas por comentarios obscenos, fuera de tono, o simplemente insultantes. Y es normal, porque todos queremos que nos quieran. Ya nos cuesta, a veces, aceptar las críticas correctamente formuladas porque en el fondo también tratan de restarnos méritos, o de descubrirnos defectos, así que como para no sufrir una reacción virulenta frente a un ataque destructivo cuyo único fin sea hacerte daño. Frente a esto no se puede estar preparado. Yo les cuento mi propio caso.

Tengo la gran fortuna de no contar con muchos *haters* en mi contra. Supongo que en parte es porque caigo bien de forma general y en parte porque no despierto un fenómeno *fan,* que suele ir acompañado de su reverso. Los comentarios críticos contra mí son escasos, y las faltas de respeto o los insultos, escasísimos. Es decir, que mi situación bien que podría definirse como ideal, o casi ideal. Bueno, pues, aun así, cuando leo comentarios injustos, me revelo. Cuando leo comentarios despreciativos, me irrito. Cuando leo ataques furibundos, me enciendo, y cuando leo comentarios que rayan el insulto, me cabreo intensamente. No puedo evitarlo. ¿Qué hago? Releer los textos que me han provocado. Busco quién puede estar detrás. Qué interés puede tener en meterse conmigo, o con la cadena en la que trabajo. No rechazo la tesis o la posibilidad de que algunos comentarios respondan a intereses comerciales o de grupo por encima de los puramente personales. Ni siquiera descarto que, en algún caso, puedan ser ataques orquestados con fines espurios. Yo no descarto nada, como en botica. De hecho, cada grupo de comunicación tiene sus propios intereses comerciales, además de editoriales; y hasta en portales de televisión, y la prensa escrita o radiofónica, es fácil observar preferencias de cadenas o de profesionales. Es lo que hay. Últimamente, incluso el pensamiento político está sirviendo para favorecer o detraer medios y a profesionales.

Pero volviendo a nuestro tema de las redes, les digo que, aparte de leer y releer las opiniones vertidas, me gusten o no, no hago nada más. Rara vez contesto a quienes me meten el dedo en el ojo, por no decir una grosería. Vale, sí, alguna vez lo he hecho. Alguna vez no he podido resistir la tentación de dar un golpetazo sobre la mesa. Pero les prometo que nunca he faltado al respeto a nadie, y mucho menos he insultado, aunque me hubieran insultado a mí primero. Nunca. Y, obviamente, no protesto con las críticas que hablan mal de mi trabajo o de mis programas, porque quienes tenemos profesiones públicas nos debemos al público, y tenemos que admitir que no a todo el mundo gustamos, y que no todo el mundo tiene por qué admirarnos. Preferiríamos que nos obviaran sin criticarnos, la verdad, pero si nos critican, solo nos queda callar.

Ahora trasladen lo que les estoy contando al mundo de sus hijos. Ese mundo, que por mucho que lo pretendan, ustedes no controlan ni van a controlar nunca. Se citan por Instagram, hacen *tiktoks* de contenido de alto voltaje, graban peleas que no detienen, pero que sí difunden, y se pasan las horas muertas sustituyendo los libros, y ahora el cine y la televisión también, por sus móviles. Si nos preocupa que nuestros hijos vayan al colegio a convivir con otros niños por si les pegan o les acosan, imaginen qué preocupación de orden sideral deberíamos tener ante esos peligros elevados a la enésima potencia por mor de las redes sociales, infinitas y universales.

Las redes son buenas si se usan bien, pero no suelen usarse bien. Vivimos, además, un momento en que no se puede decir que la educación o la cortesía estén de moda. Ni en las redes ni fuera de ellas. A mí me asombra leer, por ejemplo, los comentarios de muchos lectores de informativos digitales. Son sencillamente repulsivos. Se meten con aspectos físicos de los protagonistas de las noticias. Hablan con desprecio de etnias o religiones, llaman tonto o subnormal a aquel cuya opinión no les merece respeto, e incluso hacen comentarios abiertamente sexuales que no vienen a cuento, y guardan dosis altas de agresividad. Y los periódicos digitales que recogen esas opiniones no las retiran. Que es lo que deberían hacer, retirarlas, porque son sencillamente groseras e inadmisibles. En los programas de televisión, en las tertulias informativas, está de moda el insulto, el desprecio, la descalificación de trazo grueso, y el desprecio cultural más desafiante, además.

No, no son buenos tiempos para la gente educada y delicada. Pues en las redes, donde uno puede cobijarse en el anonimato, todo esto de lo que hablamos se recrudece. Por eso, algunos profesionales que creían en las redes como modo de promocionarse han acabado abandonándolas. El sufrimiento emocional que les causa estar presentes en redes no es proporcional a veces al impulso que les dan sus carreras. Aparte de que en ellas ya hay demasiado vendedor de crecepelo. El que no nos enseña a cocinar nos enseña a «deconstruir» la cocina. También hay cantidad de preparadores físicos y entrenadores personales (*personal trainers* en el argot de los modernos) que quieren enseñarnos a ponernos en forma. Y expertos en imagen que nos dicen cómo vestir, y cómo desnudarnos, y cómo maquillarnos para gustar más al sexo opuesto, o al propio según el caso. O nos cuentan cómo ver una película, o enfrentar una enfermedad, o…

Todos quieren vendernos algo, enseñarnos algo, sorprendernos con algo; todos quieren poseer nuestro tiempo y nuestro pensamiento. Me aburre, me aburro. Yo sigo con mis redes, pero las tengo en observación. No cuento mucho de mi vida privada. Me gusta más mantener un halo de misterio. Las antiguas leyendas de Hollywood eran inalcanzables para el espectador. Quizá por eso se convirtieron precisamente en leyendas. Ahora, en nuestros tiempos, hay quien retransmite su vida al minuto. «Me levanto, me ducho, voy a desayunar, me meto en el baño, este es el color de mi caquita, oooh, no tiene buena pinta. Cuando llegue la noche, cenaré menos y no tomaré alcohol. Me visto, voy a hacer la compra, me meto en el restaurante, me saco un moco, hago bola con él, lo pego debajo de la mesa, me levanto al baño, orino, vuelvo, la bola se ha caído, la busco y no la encuentro, hago otra bola, me entretengo…».

Digo yo que tanto detalle tampoco necesitamos los *followers* (ya me he hecho a esta terminología). Pero sí entiendo que algo tengamos que contar. Pero poco, lo justo para crear cierta complicidad con quien nos sigue y que gusta de conocernos algo más que el común de los mortales. Seguiré utilizándolas con prudencia, y si me dieran problemas y me hicieran infeliz, no dudaré en marcharme de ellas. Será por marcharse, vamos. Están en vigilancia. Enhorabuena a los que se forran con ellas, a los que enamoran con ellas, a los que se inspiran en ellas. Yo solo quería escribir este capítulo, breve, para decirles que tengan cuidado. No se expongan demasiado. Y por favor, cuiden a sus hijos. Necesitarán su ayuda. Seguro.

21

Pensando en voz alta

> «Quien no haya sufrido lo que yo,
> que no me dé consejos».
>
> Sófocles

Sin ánimo de escriturar principios inviolables, sino tan solo con la intención de contarles a todos, y en especial a quienes quieran ejercer esta profesión de actor y/o comunicador, cómo me he sentido estos años, y las pocas cosas que he sacado en claro, me atrevo a escribir este capítulo. Se trata de pensamientos (poco brillantes, espero) fruto de mi experiencia, muy personal obviamente, que puede servir o no a los demás. Lo digo porque siempre parece claro que hay errores que, si no comete uno mismo, no se aceptan como tales y no sirven para aprender. En cualquier caso, yo los lanzo, y a partir de ahí ustedes pueden, como siempre, juzgar su conveniencia o su inoportunidad. Vamos, que les invito a prescindir de ellos, carajo.

1. Yo no soy Dios, aunque se empeñen en lo contrario

Que se empeñarán. Suele ocurrir esto con las personas, especialmente artistas, que triunfan a lo grande. A su alrededor se instalan decenas de personas dispuestas a contarles lo maravillosas que son, lo grandes que se les percibe, su enorme talento; y dispuestas, además, a satisfacer todos sus deseos. Unos serán conocidos de la vida personal, y son peligrosos, otros vendrán del entorno profesional. Estos últimos son más peligrosos todavía, porque la mayoría estará ansiosa por obtener un rédito de su admiración abnegada. Te propondrán proyectos reveladores, cosas distintas que, por valientes y rompedoras, solo tú, con tu inmenso talento, podrías llevar a cabo. Serán arriesgadas, sí, pero ¿quién sino tú podría aceptar esos riesgos dada la altísima y reconocida posición que ocupas en el olimpo de los dioses del sector? El halago puede convertir a un hombre sabio en un imbécil. Hay que tener cuidado con esto. Es fácil pensar que quien te halaga tiene razón, y si, además, se empeña en aceptar todo lo que venga de ti (incluso tu soberbia), la tentación puede ser irresistible. Te traen, te llevan, te suben una botellita al camerino, te ofrecen un servicio exclusivo, te peinan, te acarician, te sonríen, te obedecen… Sí, entiendo que la tentación de creer que eres Dios acecha. Y ya lo dijo Oscar Wilde:

«La mejor forma de combatir una tentación es sucumbiendo a ella». Pero yo no lo haría. A parte de que tiene que ser muy cansado crear un mundo en siete días, y estar discutiendo con otros dioses quién es el más grande, cuando caes desde el pedestal falso en que te hayan colocado, la hostia tiene que ser más dura. Porque los dioses no se entienden con los humanos. Y lo mejor que tiene esta profesión, precisamente, es que te permite conocer a muchos humanos. Conócelos, no dejes que te alaben, no permitas que te pongan en un altar ni que te adoren. No dejes que te tengan como referencia, maestro o ejemplo de luz y sabiduría. Es mejor ser normal, actuar con normalidad y disfrutar de la vida normal junto a gente normal. Al final del camino, esto será lo que determinará nuestra felicidad.

2. El éxito es de todos. El fracaso también

¿Cuántas veces oyes decir: «El programa es una mierda, pero tú estás que te sales»? Veamos, el éxito de un presentador va parejo con el del programa. Se dan brillo mutuamente si ambos están bien, y mutuamente se lo restan en el caso contrario. Es frecuente ver que algunos profesionales estiman que el éxito se debe a su aportación. Porque, claro, el programa que le tocó hacer en la rifa de la cadena era un petardo. Pero lo cierto es que el éxito y el fracaso se construyen entre todos y desde el principio. La idea de programa puede ser insuficiente, o su desarrollo, o los guiones, o la elección de los concursantes, o el *casting* de los famosos, o la dirección del producto, o la programación en la parrilla, o la selección de la comunicadora o comunicador, o el tono del programa, o la iluminación, o la falta de ella, o el ritmo, o la escaleta… O todo a la vez, y a la vez nada. Si es que todo puede fallar en la vida. Lo importante es que hay que saber que todos somos responsables de todo, del éxito y del fracaso. En esta profesión trabajamos en equipo. No es de otra manera. No puede ir cada uno por su cuenta. Así no se construirá nada con sentido y que merezca la pena. Comprender esto nos permite disfrutar mejor de nuestra profesión. Compartir el éxito nos hará más felices y, sobre todo, siendo egoístas, compartir el fracaso aliviará el peso de nuestras adversidades.

3. Todo el mundo es prescindible

Everybody is dispensable, que diría Robert de Niro. Para entender bien la frase, póngase en casa en modo De Niro. Ya sabe, balbuceando y tal, y gesticulando con la mano. Si tienes clara esta idea, no te dormirás jamás en los laureles. Seguirás trabajando con intensidad y, sobre todo, con humildad. Harás un esfuerzo continuo por aprender. Comprenderás que, si dejas de implementar tu nivel de calidad y tu rendimiento profesional, terminarás por ser sustituido por otra persona que lo hará mejor que tú, sonreirá más que tú y gustará al gran público más que tú. Mucha gente sorprende gratamente al llegar a la profesión. Parecen geniales y nos encantan. Son frescos, distintos, con un estilo sin precedentes. Parecen insustituibles, pero como llegan se van. ¿Por qué? Por falta de fortuna en sus proyectos, por falta de acierto en sus decisiones, o por falta de... sentido común en sus actitudes. Se dejan, se abandonan, creen que lo difícil ya está hecho. Y no, lo difícil siempre está por venir. Es complicado llegar, pero más aún mantenerse. La mejor forma de conseguirlo es estando en alerta permanentemente. Somos prescindibles. No hacemos tanta falta. Y si la hacemos, ni se nota. Y siempre hay alguien que puede hacerlo mejor que nosotros. Por lo tanto, estudia, trabaja, esfuérzate, sé humilde y no permitas que la soberbia y la pereza te absorban. Y de paso, no des la lata, chaval. Que aburres.

4. No por un puñado de... euros

O de dólares, como en la película de Sergio Leone. Todos trabajamos por dinero, y si nos va bien, tenemos el maravilloso vicio de pedir más. Dejamos para los demás la virtud de no dar. Y a fe de Cristo que en esto tenemos muchos virtuosos en el país. Pero esto viene después. Primero están las ganas de triunfar, entendiendo el triunfo como la consecución de algo grande, y no hay nada más grande que cumplir con el sueño de dedicarte a aquello que amas. La pasión debe ser nuestro motor. Las ganas, la ilusión. Sirve para medir el amor que uno siente por su trabajo, por sus compañeros, por su público. Y también sirve para medir la grandeza del logro,

del éxito, que será mayor cuanta más ilusión lo haya cosechado. El triste, el apocado, el desmotivado da siempre una dimensión horrenda del mundo del entretenimiento.

Y aprovecho aquí para reivindicar dos palabras que me
parecen mágicas: *ganas* y *entretenimiento*. Leyendo una vez
una crítica sobre *El musical de tu vida,* vi que afirmaban de
mí que era un tipo que le ponía muchísimas ganas a todo.
Algunos amigos se lo tomaron a mal. ¿Ganas? ¿Nada de talento o de profesionalidad o simplemente de buen hacer?
Verán, las ganas, que es lo mismo que la ilusión, la pasión o
la entrega, no es sinónimo de voluntarismo, sino complemen-
to necesario del talento y la profesionalidad. Sin ganas, sin fe
en el proyecto, sin ilusión en el trabajo es imposible defender
nada. Es imposible brillar, y mucho menos impresionar a los
espectadores. Reivindico las ganas como una llave esencial
del éxito.

La palabra *entretenimiento* creo que fue utilizada por
uno de esos perversos ministros de Hacienda, don Cristóbal
Montoro, concretamente, para contraponerla a la cultura. Es
como si el entretenimiento fuera distinto que el hecho cultural, y, por supuesto, más mezquino y menos trascendente. Así
podría justificarse una baja fiscalidad para la cultura y un
rejón importante para la industria del «entretenimiento». De
hecho, es lo que hizo el ministro durante el Gobierno de
Mariano Rajoy, y de ahí que subiera el IVA del teatro una
barbaridad y comprometieran seriamente su sostenibilidad y
supervivencia. Si usted va al Museo del Prado, está utilizando
la cultura, pero si va a ver *La cena de los idiotas* a un teatro,

es como si fuera al bar a tomarse una caña, o a la discoteca, o a la bolera a jugar y pasar un ratillo. O sea, un acto de puro, casi pueril, entretenimiento. Y digo yo: ¿cómo puede pensar un ministro que Lope de Vega no es cultura, o que no es cultura Molière? Tanta cultura en sus plumas como en los pinceles de Velázquez o Goya. Pero, además, ¿qué le hace pensar a un ministro que Molière o Lope no son entretenidos? Ellos escribieron para que su público de entonces lo pasara bien. Luego resultaron agudos y geniales en sus escritos, pero pensaban en las corralas y en el público de a pie cuando escribían los textos que ahora se estudian en las universidades. La cultura es divertida y entretiene, y el entretenimiento es un acto cultural. Están indisolublemente unidos.

5. No desearás el éxito del prójimo

Claro, porque serás infeliz toda tu vida. Aunque consigas el éxito. La envidia es lo que tiene. Pervierte tus objetivos, y tus objetivos siempre son el mismo: hacer lo mejor posible tu trabajo. No debe importarte lo que hagan los demás, sino lo que haces tú. Y no debe importarte el éxito de los demás, sino alegrarte. Seguro que se lo merecen. Lucha por mejorar, por llegar cada vez a más gente, por disfrutar de tu trabajo, por vivir enamorado. No hay amor con envidia, solo afán de dominio, de posesión. Y cuando ya has poseído, todo pierde su valor, y comienzas a necesitar otra fijación, otro éxito ajeno que robar. Un martirio. Yo siempre me alegro del éxito de los demás. Y pienso que su éxito servirá para reafirmar o conseguir el mío. Porque se crean inercias, ciclos vitales que nos empujan a la felicidad, o que, si son negativos, nos llevan al delirio. Yo no quiero eso. ¿Lo vas a querer tú?

6. Nunca nada es tan grave

El fracaso existe. Y en esta profesión hay muchos fracasos. Están merodeando en nuestro entorno, esperando la oportunidad de caer sobre nosotros. Es complicado no ser atropellado por ellos en algún momento de la vida personal y profesional. Desde luego, en nuestro trabajo casi hay que tener algún que otro fracaso para tener una vida interesante que contar. Yo, desde luego, te animo a fracasar. Fracasa, fracasa rotundamente, además. Ya verás qué bien te irá después. Solo fracasando se puede apreciar el éxito. Afortunadamente, nadie está permanentemente instalado en el éxito de audiencia o de taquilla. Todos vamos combinando aciertos y fallos. Se dice mucho la manida frase: «La vida es una noria». Bueno, pues a pesar de decirlo tanto, o quizá por eso, no terminamos de tomarnos en serio que es verdad. Hay quien, ante la adversidad, se viene abajo estrepitosamente. Empieza a pensar que no tiene talento, que no vale para este oficio, que no hay hueco para él, para ella. Esto se ha acabado, hay que dedicarse a otra cosa. Esa negatividad viene muchas veces de unas expectativas exageradas, falsas, pero también del pensamiento de que lo grave achanta, asusta, aparta, marca. Nada es tan importante ni tan grave en esta profesión. Si fuéramos neurocirujanos, tal vez podríamos venirnos abajo ante un error en una intervención quirúrgica, y, aun así, si hemos puesto todo nuestro talento y hemos hecho bien nuestro trabajo, no podemos sentirnos inútiles para el ejercicio ni culpables del resultado. Y a los profesionales que nos dedicamos a entretener, o a inquietar al público, o a mover sus conciencias, no puede pasarnos que, por el hecho de no encontrar una respuesta entusiasta y mayoritaria en nuestras propuestas, caigamos en la tentación de despedirnos para siempre o de deprimirnos por un rato siquiera. Además, que cada propuesta encuentra el público que le interesa, y al que la propuesta interesa. No vale sobredimensionar todos los logros. O alcanzamos la gloria más absoluta o no nos vale el esfuerzo. Y, por otra parte, ¡qué manera de despreciar al público que sí te sigue solo porque forma parte de una minoría! Es una absoluta falta de respeto que soy incapaz de entender. No, nada es tan grave.

7. Con un pie dentro y otro fuera

No nos tomemos demasiado en serio. No queramos ser tan trascendentes. Seamos humildes y pensemos que hay otras muchas formas de ver la vida tan honrosas y glamurosas, tan útiles y tan perfectas como la nuestra. No creamos, llenos de soberbia, que lo que no pasa por nuestras manos no es digno de ser honrado. Yo, por eso, pienso siempre en tener un pie dentro y otro fuera de la profesión, de mi trabajo. Así puedo tomar distancia y ver y valorar mejor las cosas. Lo relativizo todo: el éxito, la indiferencia, el rechazo; todo. Reconozco que, además, alivia la presión que puedo sentir cada vez que abordo un proyecto. Ahora sí, ahora no. Si fuera una gallina, nadie sabría cuándo voy a poner el huevo. A menudo, en los estrenos teatrales, en los platós de televisión, cuando comienzo un proyecto nuevo, bromeo sobre lo que me rodea, me mantengo en la realidad hasta el último minuto, me distraigo con lo normal, para poder luego concentrarme en lo especial. Esa dualidad me mantiene vivo, atento y liberado de tensión. En esta profesión es muy importante estar tranquilo, mostrarse relajado, trasmitir tranquilidad a los demás. Te permite mandar. Adquieres seguridad, autoridad, y sientes que dominas el entorno que te rodea y que no te podrá superar. Los demás, el equipo, el director, el productor ejecutivo, el público, verán que una paz absoluta los envuelve y relaja, y disfrutarán como nunca de la función. Todos estarán a favor de la obra porque has sabido trasmitirles seguridad y tranquilidad.

8. Tu equipo es tu familia

Cuando era niño, ya lo he contado, no quería ir al colegio. Mis berrinches taladraban los oídos y los cerebros de las monjas del colegio de las simonas de Barakaldo. Finalmente, mi hermana, que era mayor y estudiaba en el mismo colegio, tenía que sentarse en mi aula (yo iba seis cursos por debajo, así semejante aburrimiento el de mi hermana) para que yo me callara y las clases pudieran continuar. Claro, treinta años después, no puedes llevarte a tu madre o a parte de tu familia al plató para que te relajen cada vez que sientas un ataque de pánico. Pero tampoco hace falta. No, porque tu equipo, el equipo con el que tienes que trabajar cada día, se tiene que convertir en tu familia. Debes adquirir confianza con todos ellos, hacerte compañero de trabajo, y de penurias y alegrías. El objetivo es claro: ayudarlos en su trabajo y que ellos te ayuden en el tuyo. Para eso es esencial crear un clima de confianza, de mutua colaboración y de sincero respeto. Dar las gracias cada vez que interactúas ayuda mucho para conseguirlo. De esta manera, cuando te aborda la inseguridad, que siempre te aborda en este oficio por mucha experiencia que tengas, ellos te ayudarán a solventar tus dudas, e incluso te animarán a superar tus miedos. Pero deben ser tu familia. Ellos deben percibir que eres sincero al ganarte su confianza, y que eres humilde porque aprecias la importancia de su labor, y que no eres en absoluto engreído porque te paguen más o tengas camerino propio. Por cierto, cuando comencé a grabar *First Dates,* desde la productora Warner y desde Mediaset, me preguntaron si quería un camerino propio y de uso exclusivo, para no compartir espacio con el resto del elenco; esto es, Matías, nuestro barman; Lidia y Julia, nuestras compañeras de barra, y las hermosísimas gemelas Marisa y Cristina. Mi respuesta fue inmediata y sincera: de ningún modo quería un camerino para mí solo. No, yo quería compartir el espacio de todos para convertirlo en *nuestro* espacio. Así haces equipo, haces familia. Y esa familia a la que perteneces te protege. Y recuerda que somos frágiles. Todos necesitamos protección. ¡Qué buen momento este para incluir a pie de página una publicidad de seguros!

9. Aliméntate de tus fracasos

Ya dije que en esta profesión hay que estar siempre alerta. Aprendiendo, ensayando, trabajando, observando a los demás hacer lo mismo. No hay que desfallecer nunca. Es más, te he animado a fracasar para poder gozar de los éxitos. Y es que de nada se aprende más que de los fracasos. La cuestión es evidente, y no una frase hecha. Cuando un proyecto que has mimado no alcanza el beneplácito del público, siempre te preguntas qué puede haber fallado. ¿Hicimos algo mal? ¿Hubo algo con lo que no contamos? Las preguntas se agolpan. Y, tras las preguntas, suelen llegar las respuestas, ácidas, duras y sinceras, que te abren los ojos y te muestran tus errores y el camino a seguir. Aquí van algunas:

Tal vez usé un tono equivocado.
Hablaba deprisa y no dejaba hablar a los invitados.
Los temas eran demasiado irrelevantes.
Era un programa blanco en exceso.
Los invitados no despertaban interés.
Nos hemos ido a publicidad en momentos equivocados.

No estaba bien programado.

No hemos sabido atender al público objetivo al que nos queríamos dirigir.

La puesta en escena no es adecuada para este programa. Queríamos mostrar modernidad, progreso y tecnología, y el decorado es antiguo y simplista.

No preparé bien el número.

Preguntas complicadas con formulaciones enrevesadas que dificultan la atención de la gente mayor.

Acabo de redactar así, aleatoriamente, razones que muy bien podrían explicar la baja audiencia de alguno de los formatos que he presentado en estos casi treinta años de oficio. Cada una de estas respuestas nos da pistas de cómo debemos hacer nuestro trabajo. Por eso creo que los fracasos no hay que desestimarlos, sino que hay que hacerles la autopsia. Y, desde luego, en los éxitos, no conozco a nadie que se haga preguntas de ningún tipo. De hecho, este es el tipo de conversación medio que se mantiene entre productora y canal cuando nace un éxito:

Pregunta: «Qué bien nos ha ido, ¿eh? ¿Podemos hacer algo por mejorarlo?». Respuesta: «¿Qué dices? Las cosas que funcionan se dejan como están. Pues eso, vamos a dejarlo así».

10. Dime con quién andas y te diré adónde llegas

Mi madre me decía a menudo que tuviera cuidado con las compañías. Le daba miedo que me llevaran por el mal

270

camino. Que aprendiera a fumar (aprendí), que aprendiera a beber (aprendí), que aprendiera a hacer pellas (esto es lo que mejor aprendí), que aprendiera a andar con chicas (esto no lo aprendí, era un talento natural que supongo heredado de mi padre, que era el Clint Eastwood de su pueblo), que aprendiera a robar (no, no, esto no lo aprendí). Pues en nuestro trabajo es igual. Es muy importante juntar, unir tus energías y tu talento con personas que tengan más energía que tú y más talento que tú. Aprenderás de ellos, y, además, serán motor de tu aprendizaje y de tu crecimiento. Lo que ocurre es que a menudo la mediocridad de los sujetos les impide unirse a los talentos. Tienen miedo. Miedo de que les hagan sombra, de que los anulen. Prefieren ser cabeza de ratón que cola de león. No se sienten seguros de sí mismos. No confían en sus posibilidades. Tienen miedo a no triunfar, a no destacar. Y casi siempre los mediocres son los que más prisa tienen por llegar. Los mediocres encima se aprovechan del talento de los demás, pero ni les reconocen, ni los contratan, ni les dan el lugar que les corresponde en su éxito y en la profesión en general. Si vas a rodar una película, o a hacer un montaje teatral, o a grabar un programa de televisión, rodéate de los mejores. Si eres actor, no tengas miedo de trabajar con actores mejores que tú. Obsérvalos y aprende. Actuar no es competir. Es un trabajo en equipo. Por eso tu calidad influye en la de los demás, y el arte, el talento y la calidad de los demás influyen en ti. Todo va en favor del resultado final: tu obra, tu programa, tu película; ¡tu bendita vida!

Epílogo

Queridos lectores, perdón por este tostonazo de libro. Solo quería contar la historia de mi pasión por ser actor desde niño, y comunicador o *showman* desde mayor. Contárselo con brevedad pasando por la inocencia de los pocos años, por la ilusión de la adolescencia, por la cobardía del joven temeroso e inexperto y por la madura valentía de un adulto ya bien resuelto. Y en ese camino quería hablarles de mis ilusiones y de mis miedos. De lo que a los actores/comunicadores nos hunde y nos ensalza. De nuestras glorias, de nuestras miserias. Contarles cómo somos, qué sentimos. Qué pensamos de lo que nos ocurre y de lo que ocurre en general. Hacia dónde vamos, qué sueño perseguimos, qué nos estimula y qué nos desvanece. En definitiva, cuál es nuestro real compromiso con nuestro trabajo, nuestra pasión, nuestra vida, que en el fondo no son sino una misma cosa.

Gracias.